脱南者が語る

モンゴルの戦中戦後

ブレンバヤル・ビレクト 述
佐々木健悦 編訳・補説

社会評論社

はじめに

一五年戦争中、当時の内蒙古、つまり南モンゴルを多くの日本人が訪れ、滞在した。しかし、当地での暮らしをまとめて記録した滞在記や回想録は稀で、断片的な記録しか残っていない。モンゴル人自身による生活記録もない。私は幸い、一五歳まで南モンゴルで暮らし、戦後、北モンゴルに脱出し、モンゴル人民共和国で教育を受け、当地に永住している南モンゴル人と知り合うことができた。このブレンバヤル・ビレクト氏は、おそらく当時のモンゴルを語れる現在ただ一人の生き証人であろう。

これは、現在、モンゴル国第二の都市ダルハンに在住のブレンバヤル・ビレクト氏からの「聞書」である。一九四五年八月末、当時、内蒙の「蒙古軍幼年学校」二年生だったB・ビレクト氏は、教官、生徒、兵士ら約一三〇人と共にトラックで、第二次大戦直後の混乱する南モンゴルを脱出、同年一〇月初旬、北モンゴル（モンゴル人民共和国）の首都ウランバートル［「赤い英雄の都」の意］に入った。一時、禁足収容されたが、国営農場で働いたあと、晴れて「ウランバートル第一中学校」に入学した。寄宿舎に住んで、その後、モンゴル国立大学に学び、卒業。数年間、母校のウランバートル第一中学校で教鞭をとりながら、農学博士号を取得。農業研究所に勤務し、モンゴル各地の農業試験場で調査研究した。定年後、ダルハン市にあるダルハン大学で中国語と日本語を教授し、その後、同市の人文大学ダルハン分校で中国語を教えた。

第二次大戦後の南モンゴルの混乱、蒙古軍幼年学校事件、南モンゴルからの脱出〔脱南〕、脱南者たちのその後、などについては、日本でもモンゴル国でもほとんど知られていない。これは生活体験者が語る「モンゴル近現代の生活誌」あるいは脱南者が語る「モンゴルの戦中戦後」である。


モンゴル語では「南モンゴル」「北モンゴル」という言い方をする。南モンゴルを「内蒙古」、北モンゴルを「外蒙古」と呼ぶのは、あくまでも中国から見てのことである。「蒙古」は「マングー」を漢字に転写したにすぎないが、字面は「無知蒙昧」を暗示するので、筆者としては「蒙古」「内蒙」「外蒙」という呼称は避けたいところだが、現代中国では依然として「蒙古」を使用している。そこで、中国に身を置いて語る場合や当時の慣用として引用する場合には、「蒙古」「内蒙」「外蒙」「日蒙」「露蒙」などを用いる。

北朝鮮から脱出した人々を日本などでは「脱北者」と総称する。北モンゴルでは南モンゴルから移り住んだ人々を呼ぶ特別の総称はなく、単に「南モンゴル人（өвөр монгол хүн）で済まされていた。ただし、「脱南者」のビレクト氏によると、「南モンゴルから逃げて来た子」と言われたことはあったと言う。

小長谷有紀（二〇〇四）『モンゴルの二十世紀――社会主義を生きた人びとの証言』の中で、四人の近現代史の生き証人に証言してもらっている。しかし、一九四五年八月ソ蒙軍侵攻後の混乱期の南モンゴルから北モンゴルに移動した「脱南者」たちの証言までは採録していない。

細川呉港『草原のラーゲリ』（文芸春秋社　二〇〇七年）は、一九四五年一〇月に南モンゴル東部［満洲国］のフルンボイルからウランバートル党幹部学校に留学し、のちに中国に送還されたソヨルジャップ氏の苦難を語っている。一九四七年卒業と同時に反革命の容疑で逮捕、二五年の刑を言い渡されてウランバートル中央ラーゲリに収監、一九五四年内蒙のフフホト監獄に移送され、さらに一九五六年に青海省西寧の強制労働所に移動。一九六五年一〇月仮釈放されるが、一九六九年青海省ツァイダム盆地に追放される。一九八一年名誉回復。迫害を受けたケースである。

同じく満洲国のワンギーン・スムの興安幼年学校を卒業し、ハルピンの陸軍医学学校在学中、第二次大戦が終結、二〇歳の時にモンゴル人民共和国に入国したダウール人のドヨド・アルマース氏については、モンゴル国営通信社発行の『モンゴル通信』（二〇〇九年一二月二九日の四九・五〇合併号）が紹介している。最初、日本兵捕虜などの通訳をし、一九五〇年、外務省入省、北京駐在モンゴル領事館などに勤務した。定年後は平和友好諸団体の事務局に勤め、ウランバートルのエルデム・オヨー大学で日本語を教えた。

時局に迫られて、南モンゴル人が北モンゴルを目指した時期は近現代史上、主に三度あった。一九一四年秋のキャフタ会議と翌一五年六月七日のキャフタ協定の前後の時期、第二次大戦後の混乱期と文化大革命の時期である。アルマース氏やビレクト氏は、第二期目の脱南者で、そのまま北モンゴルに永住したケースである。

この「聞書」は、ビレクト氏のモンゴル語の手記を日本語にほぼ全訳し、小見出しを付け、不明な箇所やその詳細を知りたい場合には、聞き返して、ビレクト氏に答えてもらい、再構成した。さらに日本人読者に説明が必要と思われる事項については【補説】を設け、(注)を付けた。なお文中の説明的な注は［　］に入れた。

時代的には、故郷オルドスでの幼少期、転々とした小学校時代、蒙古軍幼年学校時代、日本敗戦直後の幼年学校事件、南モンゴル脱出行、ウランバートルでの隔離禁足の日々、国営農場での生活、ウランバートル第一中学編入学までを語ってもらった。

なお本書二四八頁には「盲人《めくら》」「跛者《びっこ》」という現在では差別語とされる表現がある。しかし、本書はこれらの表現を用いることにする。なぜなら、第二次大戦中の歴史的時点では、これらの表現は差別語とはみなされず、かつこの文脈では侮辱的に用いられているからである。もし、これらを「目の不自由な人」「あしの不自由な人」と言い換えると、当時の用法にそぐわなくなる。現在は差別語と見なされても、歴史上の叙述としては容認されてよいと考え、敢えてそのままにした。

脱南者が語るモンゴルの戦中戦後　一九三〇〜一九五〇　＊目次＊

第四話　蒙古軍官養成幼年学校

第五話　逃避行

1950年頃のモンゴル人民共和国と中国内モンゴル

カザフスタン
トヴァ
バイカル
イルクーツク
バヤンウルギー
ツァガーン
オラーンゴム
キジル
フブスグル湖
オブス
ウルギー
バトガル
フブスグル
ホブド
ムルン
キャフ
ツァガーン
ザブハン
トソンツェンゲル
スフバートル
アマル・バヤスガラント
ダルハ
ボルガン
オルホン
セレン
オリヤスタイ
ホブド
アルハンガイ
ガンダン寺
ツェルツェレグ
ハラホリン
アルタイ
ウランバートル
エルデニ・ゾー
ゴビアルタイ
シャンハ
ホジルト
マンジュシュリー
バヤンホンゴル
ウブル
ハンガイ
アルバイヘール
新疆ウイグル
マンダルゴビ
バヤンホンゴル
ドンドゴビ
ダランザドガド
クワイズフ
ウムヌゴビ
トホム
巴彦淖尔盟《バヤンノール》
阿拉善盟《アラシャン》
定遠営
張掖市
烏海市《ウーハイ》
阿拉善盟左旗《アラシャン》
銀川
青海
武威市
西寧
寧夏回族
陝西

第一話　脱南者ブレンバヤル・ビレクト氏との出会い

二〇〇八年一一月、筆者はウランバートルの北方二三〇キロの地にある、モンゴル第二の都市・ダルハンで暮らし、当地の外国語大学が宿舎として充てがってくれた、歯科医オヨンボドロルさんの自宅内のアパートに住んでいた。彼女はビレクト氏ともその奥さんとも懇意にしていて、「そういう人がいますよ」と聞いてはいた。

一一月一七日、日曜日の午後一時頃だった。ドアを開けると、オヨンボドロルさんが「この方ですよ」と紹介した。傍らに長身痩躯《そうく》の老人が直立していた。

「ビレクトと申します」——日本語の物言いは丁寧だった。笑みを浮かべてはいたが、古武士の風格があった。

この人がブレンバヤル・ビレクト氏だった。一五歳のビレクト少年は、一九四五年八月末、南モンゴルの老若男女一三〇人ほどの集団に加わり、親に知らせる暇《いとま》もなく、トラックで故地を離れ、同年一〇月初旬、北モンゴル［当時はモンゴル人民共和国］の首都ウランバートル市［「赤い英雄の都」の意」に入った。

この人は壮年期、農業研究所に勤めていた。当時の後輩が『ダルハン大学紀要』（二〇〇三年）に寄稿した「ビレクト氏の実像」を参考に、氏の人物像と業績を紹介しておく。「若い時に学んだ学問は岩石に刻んだ文字の如し」という格言を冒頭に掲げたこの小文は、「努力家で勤勉かつ親しみ深く、博学にしてヒューマンな人と知って、尊敬するようになった」という人物評から始めている。

B・ビレクト氏近影（2009年2月）

ビレクト氏は、モンゴルの耕地、水系、土質、コビ農業の方法論の研究に取り組んだ最高峰の一人である。

まず、氏は、ハルハ河の農業実験場の基礎を築き、ザフハン、県とセレンゲ県で働き、ドルノゴビのツァガーン研究所員たちと一緒にゴビ農業を始めて、研究を重ねた。その集大成として、褐色土の灌漑研究で学位を取得した。この研究は後に国の内外で高い評価を受けた。Ｊ・ミジドドルジ博士は、「こういう質の高い業績が出るようになれば、モンゴル人はアジアでユダヤ人のようになれます」と称《たた》えたという。

ビレクト氏の記憶では一九七二年頃のことだが、「北海道農業研究所」の「長堀金造（？）」という研究員が土壌研究に氏の研究所にやって来た。ビレクト氏は日本語で応対したが、なぜか、所長から日本語で話してはならない、と注意されたという。氏が大っぴらに日本語を話せたのは退職後の一九九一年、中学校で日本語を教え始めてからだった。

一九八六年末、灌漑《かんがい》農業のための科学技術開発研究グループを立上げた時、ゴビでの研究者が挙《こぞ》って参加した。このグループの顧問としてロシアのボルゴグラード市から来たＧ・Ｂ・セダノフ氏との会議はロシア語で行なわれ報告書もロシア語だったが、この時、完璧なロシア語を駆使して、後輩たちを助け、指導助言したのは、ビレクト氏だった。

さらにこの研究グループが、一九八七年、閣僚会議の決定により灌漑農業セクターになると、引き続き、彼らと仕事を共にした。

ビレクト氏は長身で容姿に優れ、楽器も奏でるダンディな方だったと同年輩の者は語る。ゴビ時代に昼の重労働の後、ビオラを持って誰もいない草原に出て、シューベルトの曲を弾いては、昼にシャベルを握ったのを悔いているようだったと同僚は伝えている。

一九八〇年代末のことだった。ダルハン市に国立民謡舞踊団がやって来た。「私の教え子たちが来る」と言ってベーゲー［ビレクトの愛称］は大喜びで忙しく飲食物を準備した。セクターの若い同僚たちも可愛い歌手や踊り子たちを直に見て、できれば親しくなりたいとベーゲーの所に押しかけた。ところが、彼女たちはベーゲーに「先生、先生」とキスしたり寄りかかって座ったりしていた。この時ばかりはベーゲーに嫉妬したという。

幼年期を故郷オルドスで過ごし、少年期は父君の転勤で南モンゴル各地を移転した。北モンゴルに移住してからも地方の国営農場で働き、ウランバートルで中学校、大学を卒業し、中学校の化学教師を経て、農業研究所勤務となり、北モンゴル各地を転々とした。

言わば流転《るてん》の人生を送ってきたビレクト氏は定年になってやっと、首都ウランバートルから北に二五〇キロのモンゴル第二の都市ダルハンに居を定めることになった。

ダルハンで一人暮らしを始めて幾日も経った一九九〇年の一一月のある日、階段を上がって五階の廊下に出ると、誰かの足音が追《つ》いて来る。振り返ると、若い頃、どこかで会ったことのある女性だった。彼女はウランバートル第一中学校の化学教師時代の教え子ガンホヤク［Ганхуяг］だった。

二一年ぶりの再会だった。ビレクト氏は六〇、ガンホヤグさんは三八になっていた。彼女は九年前に夫と死に別れ、一男一女を育てていた。二人は隣同士になっていたのだった。

ビレクト氏がビオラで小夜《さよ》曲を奏《かな》でれば、ガンホヤグさんは胡琴［хуучир］を弾《はじ》くという相聞《そうもん》が夜ごと交《か》わされた。同年一二月三〇日、二人は結婚した。

やがて女の子が生まれ、二人の名を併《あわ》せてガンビレク［Ганбилэг］と名付けた。このダルハンが、遥か南モンゴルのオルドスの地に生まれ流転の日々を送ってきたビレクト氏の安住の地となった。

第二話　我が故郷――南モンゴル・オルドスの地

「私は自分が『午の年』生まれだ、と物心付いた頃に母から聞きました。また母は『年が新しくなる二日前に生まれたのですよ』と月日をはっきりと言ってくれました。それで私はチベット歴の一七世紀(注1)の白馬の年の丑の月、つまり西暦で言えば一九三〇年の一月二八日、南モンゴルのイフジョウ盟《めい》のダルド旗《き》のツァイダム平原にあるウロンという地に、オルドスの大書記・ブレンバヤルの長男として生まれたのです。系図を辿《たど》れば、父はバトモンフ・ダヤン・ハーン系統のタイジ［台吉］(注2)の出で、聖なる大可汗のチンギス・ハーンから三六代の一人です」

（注1）チベット歴では六〇年を一単位とする。
（注2）「タイジ［台吉］」は中国語の「太子」に由来し、王公貴族の総称。「父祖の祭祀を管掌する務めを担う」という意味。チンギスの直系や傍系の王公もいれば、時代が下ると平民出身の者もいた。バトモンフ・ダヤン・ハーン（？―一五〇四年）は直系一五代目で、モンゴルを再統一した。

◎オルドス地誌

「アジアの有名ないくつかの高原の一つにオルドス高原は、当然、入ります。この高原は東西を黄河［ハタン・ゴル］が縁《ふち》どるように流れ、南側は中国の有名な『万里の長城』に寄り沿っています。『アルタン・ヒャマルラグ』という黄土の堆積によって強固になり、地表が水と風の作用で峡谷が拡がったために『月面の表土』と呼ばれ有名になったのです。人々は病気に罹《かか》ると何でも、山の土を煮沸《しゃふつ》して飲んで治していたので、『金黄土』と呼んで尊んだのでした」

【補説】「ハタン・ゴル」命名の由来

チンギス・ハーンがタングートを征服した時、美しい后妃・クベルジン・ゴワを捕えた。この后妃は、チンギスの枕席に待した夜、チンギスに危害を加えて、自らはハル・ムルン［黒い河］に身を沈めて死んだ、と『蒙古源流』は伝えている。さらにロシアの探検家ポターニンが西北モンゴルで収集した説話には、「危害を加えた」とはチンギスの肉体の一部つまり陰部の一部を切り取った、とある。同じ説話はオルドス地方にもある（小林高四郎『ジンギスカン』（一九六〇年）一九七頁、A・モスタールト著　磯野富士子訳『オルドス口碑集』一九六四年五八頁）。

【補説】オルドスの地理的状況

この一帯を漢人は「ホー・タオ［河套］」と呼んでいた。青海省から流れ下って来た黄河は甘粛省の蘭州でその流れを大きく北に変え、寧夏回族自治区の区都・銀川《ぎんせん》を貫流して北上し、オルドス地方を取り囲むように蛇行して山西省に南下する。

一九四四年秋から一九四五年春にかけて法社会学者の夫に従って内モンゴルで民族学的調査をした磯野富士子は、立ち寄った包頭《パオトウ》の丘から、「まるで道路のような土色の黄河のかなたに拡がる」オルドスの地を眺めている（磯野富士子訳『オルドス口碑集』の解説）。

「空気は乾燥し、オルドスの北部と南部の、漢人たちと混住した地域では、ある程度の農業を営み、牧地の草原では伝統的な牧畜を営んでいました。オルドス地方は全体として清朝の時代からイフジョウ盟という独立した行政単位で、私の生まれた頃は、ハンギン、ダルド、ジュンガル、オトグ、ジュンワン［郡王］、ワン［王］という七つのホショー「旗《き》（注）」から成っていました」

（注）「理藩院法則　第一章」にある、この七旗の正式名称は以下の通りである（『オルドス口碑集』の原注　一二一―一二三頁）。
（１）オルドス左翼中旗［ワン］
（２）オルドス左翼後旗［ダラト］
（３）オルドス左翼前旗［ジュンガル］
（４）オルドス右翼中旗［オトク］

（5）オルドス右翼後旗［ハンギン］
（6）オルドス右翼前旗［ウシン］
（7）オルドス右翼前旗の終りの旗［ジャサク］

「オルドスのモンゴル人たちは初めエズネー川の辺りの広大な牧地で好きなように遊牧して生活していました。こういう状況は清朝の安寧を乱すので、強制的に現在の黄河の湾曲部に移住させられ、不安定な状態から解放された歴史があります」

◎チンギス・ハーンの陵墓

「オルドスという名前については後に大学二年生になって故郷に帰省してやっと知ったのです。今、思うと本当に恥ずかしい。モンゴルの歴史もそんな風で故郷の歴史も知らずにいたのですね。チンギス・ハーンの天幕宮殿『オルド』、遺品、遺物箱や史書や経典などを崇拝、守護していたので、〝オルドの番人〟という意味を持っていたのでした。オルドスの人々の威信と天命は聖なる可汗の陵を五百年以上も大事に守護して来たこと、その後も守り続けていることにあるのでしょうか」

【補説】チンギス・ハーン陵墓

チンギス・ハーンの没後、四つの場所に天幕宮殿が設けられた。一五世紀後半、オルドス族が黄河湾曲部に住みついて以来、エジェン・ホローと呼ばれる地にある八つの白い天幕「八白室」は守護、崇拝され、一年に四回、大供養祭が行なわれて来た。「八白室」の守護と祭祀を司っているのは、特にダルハド族で、彼らは七つのどの旗《き》にも編入されていなかった。

「史料を見ると、チンギス・ハーンの聖体を北モンゴルのゴビの地に埋葬したことについて記されています。モンゴル人の慣習通りにハーンの埋葬は極秘のうちに行なわれたけれども、（三歳から五歳の）牡駱駝《ラクダ》の生け贄《にえ》を供える儀式をおおぴっらに行ない、これも受け継がれて来ました。『八白室』は、すなわちチンギス・ハーンの供犠の地に当たるのです。オルドス盟は一五世紀にボル・トホイ〔黄河南部を大湾曲で囲まれた河套〕に移住して来た頃、『八白室』を南部のワンギィンゾーに招致して供犠したが、清朝の初期にジュンワン旗に転座されてからは『エジェン・ホロー』と呼ばれるようになった。これは聖なる君主の陵墓という意味です。『八白室』が今日、チンギス・ハーンの陵となっているのは、天恵の印です。オルドスの人々の心の中にはエジェン・ホローにあるチンギス・ハーンの陵を、すなわちチンギス・ハーンを埋葬した場所のように考えて、毎年、古式に則って大供犠を行なう伝統を遵守して来ました」

（注）一二二七年八月一八日に没したとされているチンギス・ハーンの遺骸は、オノン、ケルレン、トラの三河の源ブルハン山の一峰に埋葬されたと伝えられている。チンギス・ハーンの陵墓はまだ発見されていない。ウランバートルの東方二五〇キロにあるアウラガ遺跡で、二〇〇四年一〇月四日、日

本・モンゴル合同調査団が、チンギス・ハーンを祀った霊廟跡を発見した。陵墓は霊廟のごく近くにあったと記録されている。

ところが、この二張一組の天幕の中に保存され、チンギス・ハーンの遺品と聖骨が入っていたと称された木棺は、一八七〇年、中国西北諸省のイスラム教徒のドゥンカン人が反乱を起こして略奪を欲しいままにした時、古いモンゴル文字で書かれた二冊の古年代記と一緒に焼かれてしまった（W・ハイシッヒ著・田中克彦訳『モンゴルの歴史と文化』一九六七年九頁―一〇頁）。

「オルドス地方すなわちイフ・ジョウ盟は日本の侵略者たちが侵入をこれから先も継続する戦略上の要地だったので、当地のモンゴルたちを巧みに、あるいは威嚇《いかく》して蒙古連盟自治政府に加盟させるために、包頭市にあった駐蒙軍司令部は内田(注)という名前の大佐を派遣しました。モンゴル語を完全にマスターしたこの人物は、一九三八年の秋のある日、大胆にも単身、乗用車で盟の中心であるジュンワン旗公署に到着して、盟の幹部連に会い、連盟自治政府と直ちに一体化するよう要求すると同時に、チンギス陵をフフホト［綏遠《すいえん》／厚和《こうわ》］に移すよう提案したのです。

談合に参加した王公たちは来訪者の要求を呑《の》むような振りをしつつ、策を巡らし、国民中央政府に事態を知らせました。この先、日本軍の部隊がオルドス地方に侵入する可能性が大になると共にチンギス陵を奥地に移す決定を出し、見合う経費を支出して移動の仕事を盟長のシャグダルジャブ［沙王］が手配しました。この移動の仕事は一九三九年六月の中旬に始まり、移送の行列を地元のモンゴル人たちは非常に敬意を払い、目に涙を浮かべて長途の見送りに出たほかに、道で遭遇した町に住む漢人たちも敬意を表わしたと記録されています。しかし、共産主義体制下にあった北モンゴルから中国に派遣されて出かけた共産党員はチンギス陵に参拝することを禁じられており、指令で（そのように）厳命されていたのでした。

チンギス・ハーン陵は初め蘭州に、後にフフ・ノールのグンベンギィーン僧院に保存されていて、オルドスが平穏になって後の一九五四年にエジェン・ホローに転座したそうです」

（注）「内田」とは、ウランチャップ盟公署の民政処副処長などを務めた「内田勇四郎」氏のことで、軍人ではない。帰国後の一九八四年に『内蒙古における独立運動』（朝日新聞西部本社編集部センター）を著わしている。

【補説】チンギス・ハーン稜のその後

日本軍はモンゴル人の気を引くために王爺廟に中日折衷様式のチンギス・ハーン廟の建立を計画したが、戦争の終結で沙汰止《さたや》みになった。

その後、「八白室」はどうなったか。以下は、W・ハイシッヒ『モンゴルの歴史と文化』（四—七頁）に拠る。

一九五五年、中共政府はオルドスのエジェン・ホローの地で「チンギス・ハーン陵」の建立に着工した。この聖堂はかつて日本軍が宣伝ポスターで示した設計を大幅に採用し、「入口の上に、モンゴル文字で『チンギス・ハーン陵』と書いた札をつけた円屋根の主屋から、平らな広い回廊が左右に延びて、再び円屋根の建物で終っている」。二千四百平方メートルの敷地に完成したこの「博物館の家」では、一九五六年四月八日、古式に則ってチンギス・

ハーンの大供養が営まれ、モンゴル人、中国人、両共産党高官が臨席して、聖跡博物館の落成式が挙行された。それ以来、年に四回、この地でチンギス・ハーン奉献祝典が繰り返し行なわれている。

続けて、チンギス・ハーン崇拝を巡ってのモンゴル現代史上の事件に言及する。以下は『モンゴルの歴史と文化』（四四頁—四五頁）と小貫雅男『モンゴル現代史』一九九三年（二四八頁—二四九頁）に拠る。

中ソ対立の最中の一九六二年三月三一日、チンギス・ハーン生誕八百年を前に、ヘンティ県のチンギス・ハーンの生誕の地とされるロシアとの国境近くのダダル郡の寒村のデリウン・ボルドグ［脾臓《ひぞう》の丘］の地で、高さ一〇メートルほどの記念碑の除幕式が行なわれた。コンクリート造りの正面にはチンギス・ハーンの立ち姿とスルデ［軍旗］の絵が刻まれている。一方、中国もまた、同年六月一六日［チンギスの誕生日］、エジェン・ホローの「博物館」の前で、約三万人が参加して生誕祭を挙行した。

チンギス・ハーンを「人民の敵」「反動の象徴」としていたソ連の反撃に遭い、四種類の八百年祭記念切手は出回った分まで没収され、記念碑建立を主導したモンゴル人民革命党中央委員会書記長でモンゴル・ソ連親善協会会長のトゥムルオチルは、同年九月、追放された。理由はトゥムルオチルがかつての独裁者チョイバルサン批判に反対したことにもあった。一九六三年にはチンギス・ハーン崇拝とチョイバルサン批判反対の理由で民族主義者のレッテルを貼《は》られ、リンチン、ナツァグドルジ、ダムディンスレンなどの学者や文学者も批判を受けた。同年一二月にはツェンド党第二書記兼副首相も追放された。

「幻の切手」は、一二七年後のチンギス・ハーン即位八百年に当たる一九八九年、モンゴル郵政局はわずかに保存されていた昔の切手に「一一八九年即位」と英文で印刷を加えて改めて発行した。同年七月にパリで開かれたフランス革命二百年記念国際切手展に出品し、会場内のモンゴル郵政の売店で売られた（一九八九年一〇月一七日付『朝日』）。

一九九〇年一月の「民主化革命」後、チンギス・ハーンは「民族の英雄」として復権した。オルドスにあるチンギス・ハーン陵の現在の様子と一九八六年四月二九日［陰暦三月二一日］に行なわれた大祭祀と小祭祀については、一ノ瀬恵が詳述している（『モンゴルに暮らす』一九九一年　五五頁—六二頁）。

◎家系と系図と命名

「家系について母は何度も思い起して語ってくれました。母の実の姉のノルジマーはノヨン(注)［旗長］の奥方で、自分の妹を傍に引き取り貴族の家風で養育したので、母は貴族の礼儀作法をよく心得ており、たとえ文字を解さなくても、政事の微妙な決まり事にも通じていました。私を官吏にしようと、自分の出自や何たるかを知ること、何よりも系図を知悉《ちしつ》して由緒に通暁し、私がそこの何代目かに記録され、それを誇りとして生きることを、遠回しに常に想起させてくれたのは実に賢明だったと、私はこの歳になって今やっと悟るとは、実に残念だと言う以外に言葉がありません」

（注）ノヨン（ноён）内モンゴルではジャサク（旗の長《き》）の王公貴族をこう呼んでいた（『オルドス口碑集』「用語解説」五頁）。

「我が家《や》の系図は極秘に保管されていたのでしょう。というのも家族の者も系図がどこにあるのかを誰も知らないでいたのです。私にしても系図とは一九五四年の二四歳の時に初めて、ほとんど偶然に出会ったと言っていいのです。大人になっていない子供には系図について話しても、見せるべきではないのでしょう。その当時、私はモンゴル国立大学の学生でした。夏休みで帰省してゆっくりしていた時に父方の二番目の叔父のダガンバヤルが、その系図を出して見せてくれて、とても誇らしげでしたが、私としてはその当時、共産主義で教育を受け、自分を『革命の国から来た革命的な人間』のように思わせようとしていたし、そのように考え信じようとしていたので、系図には特に意義を認めず、封建主義の王公貴族階級の特権を擁護する一文書にすぎないと思いました。全般的に一読して心に残ったことを言えば、この系図の始祖はベイス（注）［貝子］の位で、一〇人の子があって、（その名前は忘れましたが）その長男はノヨンだったのをはっきり憶えています。系図には官位や称号を記録し、亡くなった者の名前の上には赤色の墨で印が付けてあったのも記憶に残っています。この一家は枝分かれして三つの大きな家族なりました。我が家では系図を保管している一家を『イフ・ゲル［主家／本家］』と称しています。この三つの家族は系図を巡って言い争い、奪い合っていたそうです。もしも後を継ぐ息子がいないと、系図を譲渡するしかなかったのです。このように争うには理由があったのです。旗《き》公署での公務が終ると、その公務は、系図を保管しているタイジ出身以外の他の人は引き継げないのが慣例でした。我が家にも系図が途切れた世代があったという記述があります」

（注）「ベイス」は上から四番目の官位。モンゴルの王公貴族はチンギス直系のものは「近親タイジ」、チンギスの弟たちの子孫は、臣下タイジ」と呼ばれていた。バトモンフ・ダヤン・ハーン（？―一五〇四）は一五代目の直系で、モンゴルを再統一した。清朝は清に対する貢献度に応じて彼らに官位を与え、位階には、上から親王［チンワン］、郡王［ジュンワン］、貝勒［ベイル］、貝子［ベイス］、公［グン］などがあった（磯野富士子『モンゴル革命』一八頁）。

「父は四人兄弟でした。母は私の後に二人の男子を産みましたが、育ちませんでした。それで、私を成育させるために『モー・フー［悪い子］』と名付けたのでしょう。(注) 父の弟［私の二番目の叔父］が結婚して娘を一人もうけましたが、その後、妻を実家に帰してしまいました。三番目の父方の叔父は軍人で戦死してしまいました。四番目の叔父のオトゴンバヤルには二人の娘がいます。こういう事情で『主家』として狼狽《ろうばい》していた頃、ただ一人無事だった私自身は音信不通のまま何年も北モンゴルにいたのでした。これは一九四六年から一九四九年の頃の話です」

（注）モンゴルでは近現代になっても、病気や災厄から子供を守り育てるために悪魔払いの名前を付けることがある。毒をもって毒を制するためか「チョットグル［悪魔］」、人間であることを否定する「フンビシ［人間でない］」、「ヘンチビシ［誰でもない］」、自分の存在を隠すためか「ネルグイ［名無し］」、「エネビシ［これじゃない］」、「テレビシ［それじゃない］」あるいは悪魔も近づかないように「バースト［糞だらけ］」などという命名が現存する（田中克彦『名前と人間』一九〇頁―一九四頁）。

「系図を保管していた二番目の叔父が系図を出しては『我が家の血統は絶えてしまうのか』と泣いていたと、母は後に思い出して話してくれました。しかし、この危機もまもなく去り、四番目の叔父に四人の男子ができた他に、二番目の叔父が新しい嫁をもらって三人もの男子を持つようになりました。こうしてその男の子たちの名前を、三歳になるとすぐに祝宴を催し、祝事として旗で有名な優れた書記を招致して系図に続けて記載したものです。残念なことにその系統証明書を、中国で起こった文化大革命の災禍で焼失してしまいました。しかし最近になって二〇〇六年にその系図の写しが古文書保管所にある由を知って奔走し探索した結果、手に入れたのは、亡くなるまでオルドスの大書記であり系図を先々のことを考えて保管所に預託して置いた父のおかげです。かくして私どもは紛れもなく大可汗の第三六代の末裔であることが確定できたのです。

我が父に限らず、一般に各世代の先祖たちは、ただ記載するだけでなく適切な所に保管していたのは、古文書をいかに大事にしていたかの一つの例証です」

◎風物・行事・生活習慣

「私の生まれたウロンという村は黄河から遠くない、前後を丘陵で囲まれた谷間です。南面に見える高い砂丘をオンゴン・オボー（注１）と呼んで崇拝していました。それは音のする砂山（注２）だったので、今は観光地に変わり、たくさんの足で踏まれる散策スポットになったと聞いています」

（注1）オボーは、元々、神が宿るとされた場所に石を積んで山のようになった塚。小高い丘や峠、草原に作られたオボーは道標にも休息して旅の安全を祈る場所にもなる。泉や鉱泉の湧き出る所にもその恩恵に感謝してオボーができる。貴人が宿泊したり英雄を埋葬した場所などにもオボーは築かれる。国境線に点々と置かれるオボーもある。

（注2）踏むと擦れ合って「キュッキュッ」と音がする砂で、日本で言う「鳴き砂」。モンゴル語では「ドゥート・エルス（дуутэлс）［声を出す砂］」と言う。

「我が家の東方約五キロの所にゲゲーン・スムという小さな廟があり、オンゴン・オボーのこちら側には有名なザンダン・ゾー［大寺院］が聳《そび》え立っていました。ゲゲーン・スムは経書を保管する由緒ある図書館でもあったのでしょう。毎年春になると、そこから地元の人たち（大抵は子供ですが）が書物や経典を担ぎ、行列になって出かけて、ツァガーダイという泉の周りを回って帰って来ては、畏《かしこ》まって祝福を受けていたのを憶えています。これは決まり通りに保管した書物を風に曝して清めていたのでしょう。

ザンダン・ゾーは民謡でも永く歌われていた大寺院でした。ラマ僧が大勢いて、毎年チャムが行なわれます。この時には遠くからも近くからも漢人やモンゴル人でない人たちもたくさん集まって、商売交易が行なわれて、ほとんどまる一週間続くようでした」

【補説】チャム（цам）

チャムはラマ廟の廟会で演じられる悪魔払いの踊りである。一九二五年のロシア人モンゴル学者のウラジーミルツォフの叙述に拠れば、この仮面舞踏は「けばけばしい色模様の、奇怪な仕立ての着物を身につけて、けたたましい律動的な音楽の拍子にあわせて輪になっておどることにより、神や悪魔の世界を一つ一つ具現するのである。顔には精巧に彫った、或は張り子で型をとった仮面をつける。これらは大抵、荒々しく、ぞっとするような形相を帯びている。どくろ、長鼻と落ちくぼんだ目と、ものすごい牙をして、ひん曲った動物の頭蓋骨、角や奇妙な装飾をつけて、憤怒にひきつれた動物や人の顔などがそれである」という。（W・ハイシッヒ『モンゴルの歴史と文化』田中克彦訳二八八頁）。

なお、モスタールトの『オルドス口碑集』（一八一頁）にはチャムについての歌謡が収めてある。

多くの打鬼を行なうは
お寺や廟の栄えるもと

大勢の衆のあつまるは
音響のにぎやかになるもと

「私の家《や》は駱駝《ラクダ》以外の家畜(注)を持ち、広大な牧地を含む所有地がありましたが、後に樹立した新政府が所有地を分配してしまったことを、一九五三年、ウランバートルの学生で夏休みに帰省した時、父方の二番目の叔父から聞きました。一九四九年に中国では人民革命が勝利し、土地改革が行なわれ、大土地所有の富裕層の土地を没収した他に、牧民を弾圧し残忍だった者を処刑しました。この痛ましくも恐ろしい時代に一家の土地所有権は無効になったけれども一族が罪科なく過ごせたのは地元の人たちと人倫に則って交わっていたからだと、叔父は語っていました」

(注) モンゴル人は主に牛、馬、駱駝、羊、山羊の五畜を飼う。家畜の単位はボド（60ｴ）で、一ボドは馬一頭・牛一頭、羊五匹、山羊一四、駱駝半頭に相当する。

(問)　牛・馬一頭分が一ボドで、駱駝一頭は二ボドの値打ちがあります。どうして駱駝は飼っていなかったのですか？　オルドス地方では一般に駱駝は飼っていなかったのですか？

(答)　オルドス地方では駱駝も飼っています。特にオトク旗やウーシン旗の駱駝は特別です。しかし、黄河沿いに位置しているダラト旗やジュンガル旗では農作が盛んなため、駱駝は飼ってなかったと思います。

「当時、一般にタイジの家柄の一家は先祖が分与した一定の規模の敷地と牧地を持ち、平民の牧民を抱えていました。我が家の土地を漢人の数家族が借地して農業を営み、何代か続いて暮らしていました。彼らを『借地養民』と呼び、契約に従って毎年秋になると、収穫を確認してもらって、その一定の分け前を渡して借地代を支払っていたのです」

「中国では一九四五年から一九四九年にかけて内戦の火が燃え上がり、世界を揺るがす戦争になっていた時、私自身はその戦乱から遠い北モンゴル［モンゴル人民共和国］で平穏に学問に勤しんでいたのですね。戦火が治まって一九五四年、帰省した時、母は私を連れて旗を巡り歩きました。旗の人たちはまるで血縁者が訪ねて来たように親しく迎え入れて、『若領主』と呼び、茶食でもてなしながら、『私どもは何代も続けて、あなた様の領地で仲睦まじく良い暮らしをして兄弟のようになり、困った時には私どもを守り助けていただいたのを、どうして忘れましょうか。長年、あなた様が遠い所に出かけ、元気に帰って来たので、お母様に劣らず喜んでおります』と言って本心を語ってくれたようです。これらの言葉は本当でした。争乱の時代、父方の二番目の叔父は軍人だったおかげで、地元の人たちから略奪をし公務をかたる不穏分子から守り、包頭市から必需品の全てを可能な限り輸送していたと、母は私に話してくれたものです。総じて二番目の叔父は我が『主家のかまど』を故地から切り離すことなく継承し名声を広めるのに全身全霊を捧げたので家系上忘れるべきではない功績のあった人でした」

「我が家の者たちは、このように土地を貸していたけれども生活全般は牧民家族でした。それで幼い頃の私は、家畜の傍で育って乳をもらい、歩けるようになると（一歳の）子羊の世話をし子牛の見張りをして過ごしていました。朝夕の乳搾りの時には牝牛を集め、蓬《よもぎ》を集め蚊遣《かや》りをして蚊や金蠅《きんばえ》を追い払い、子羊の尻を追い回し、家畜の髪の毛や脱け毛、剛毛、馬のたてがみや尾の毛を取る時には大人たちの手足となって走り回り、とても忙しく働いていたようです。

一言付け加えると、たくさんの家畜を持った家の山羊の柔毛を櫛削ったり牛馬の柔毛を梳いたり羊毛を取る時期には、主に梳いたり削ったりしてくれる漢人が来てやっていました。彼らは大抵四、五人で一つの組になって作業し、大部分は若い人たちでした。

この毛梳削人(注)たちは家畜の毛を取るだけでなく胡弓、横笛、洋琴などの楽器を持って来て、日昼、重労働して夜になると、歌い楽器を弾き、自分たちが楽しむばかりでなく近隣の部落の人たちをも興じ楽しませてくれました。彼らは各集落と契約で仕事をして、賃金をもらって毛を取っていたことを知っている以外、値段や賃金がいくらだったのかは知りません」

（注）一九七〇年前後の頃の内モンゴル・シリンゴル盟での羊や山羊の毛の梳削切作業や馬のたてがみ切りについては、張承志『モンゴル大草原遊牧誌』（八七頁―八九頁）に詳述されている。

「私たちの地方は気候温暖で雨量は少なく、冬に降った雪はそのまま融け、気温は零下一五度以下にはなりません。一般にゴビ特有の様相を呈し、春秋は風が強く吹きます。この時期は砂嵐が吹き、天地が一緒のようになります。砂を撒き飛ばし、路上にあるすべての物を埋め尽します。概して風向きや地所を考慮しないで建てた住居や家屋は砂に簡単に圧《お》し潰されます。

我が家からかなり北の方に山蓬ですっかり囲まれた草ぼうぼうの小さな丘が幾つかありました。山蓬は私たちの地方に必要な燃料です。山蓬のある所まで食べ物を用意して、四、五台の二輪馬車でみんなで一緒に出かけます。そうして飲んだ野生のお茶は格別に美味しい食べ物の一つでしたよ。石が手に入らないので五徳を持って行きます。山蓬を燃やして沸かせた野生のお茶でチャガーマル［炒めた穀物］を柔らかくし、アーロール［乾かした凝乳］を削って混ぜて食べます。暑い中、疲れるまで働き詰めてから、アーロールとエーズギー［日干し凝乳］とチャガーマルを入れたお茶を飲んで、山蓬の煙が匂い、小さな砂丘の上で涼んで横になっていると、天空で鳥がさえずり、言葉では言い表わしようのない喜悦と至福が胸に溢《あふ》れたものです。山蓬は前年の乾燥したものだけを集めます。もし今年の青々とした山蓬を集めると、小言を言われます。集めた山蓬はゲルの外側に側壁のようにきちんと積み上げます。

我が家の西の谷間はそこからずっと鼠《ねずみ》、地鼠、飛び鼠［野兎の一種］から始まって、狐、羚羊《かもしか》、兎、雉子《きじ》、山鶉《うずら》の住処になった茂みや藪がありました。『狐の角地』という場所に寝床を燻《いぶ》して捕まえます。

冬は井戸の傍の氷を凍らせて兎を捕まえます。飛べないので雉子は、追いかけて捕まえようと、一所懸命になります。卵は鶏の卵よりも大きいのでこっそり取って、煮て食べようとしたら、母に捕まり、こっぴどくひっぱ叩かれたことがあります。今は、その自然の素晴らしさがそんな風だったと話そうにも、中国人が大勢やって来て、その自然を荒廃させ、目も当てられないほどの荒れ地になってしまったのは何とも残念です」

「蚊やブヨもかなり発生しました。特に夕方の搾乳時間には、アルガル［乾燥した牛糞］や苦蓬を燃やして蚊遣りをし、仔牛を連れて来て走り回らせ、祖母は「トイグ、トイグ(注)」と言いながら、羊や山羊の乳を搾《しぼ》ります。手拭いを被《かぶ》った祖母の灰色の髪が夕日に照らされて、金色の糸のように、時々、サラサラと靡《なび》いていたのが今でも記憶に残っています」

(注)「トイグ（тойг）」は、自分の仔羊以外には乳を吸わせない性質の母羊を呼び集める時に発する擬音語（小沢重男『現代モンゴル語辞典』三七二頁）。

「オルドスの人々は定住生活をしていたので、固定家屋に住んでいました。ゲル(注)の集落もありましたが、それは祝事、ツァガーン・サル［陰暦の正月］、ガリーン・タヒルガ［陰暦一二月二三日の火の祭祀］のような祭礼のある時に設えました。オルドスでは住居を建てて生活の場を作るのに力は要《い》らず難しくありません。それには二枚の大きい板の中で最高の金黄土［アルタンヒャマルラグ］の泥土を捏《こ》ねて、よく均《なら》します。こうして側壁を作ってから、入口と窓の枠をはめ、屋根の梁《はり》を柱で支えるのです。そうして草を粘土と混ぜて捏ね、屋根に粘土を塗ります。ですからこれはとてもいい加減な作りの住居ですが、人々は灰色の家には神様、黒い家には王様がいると言います。どこの家の鴨居にも頭は届きます。もう一つ考えられるのは煉瓦で住居を建てることです。窓には麻製の紙を貼ります。金持はガラス窓を付け、煉瓦を重ねた塀のある建物を建てて住みます。家畜の柵囲《さくがこ》いも泥土で側壁を立てて作ります。気候は温暖なので、窓と入口は一つだけです。寝台というのはありませんが、ハンズ（хан3）はあります。ハンズというのは「炉端の寝床」という言葉です。煮炊きしたあと、ハンズで暖まります。だからロシアの民話に出て来るような暖かい炉端で一緒に寝るのですよ」

（注）ゲル（гэр）は、「包《パオ》」という中国語で知られている木の枠組みとフェルトで造られた移動式家屋。

（問）磯野富士子に拠ると、オルドス地方ではゲルの入口は東向きなので東西南北の呼称が他の地方とは異なり、「後」が他の地方では「北」ですが、オルドスでは「西」を指すと書いています（磯野富士子訳『オルドス口碑集』用語解説三頁）。当時も現在もそうですか？

（答）日が出る方角を東、日が落ちる方角を西と言っていました。私の故郷の庭の門は南向きでした。南の地方［山西省］に住んでいた中国人が出稼ぎに内外モンゴルへ行くことを「走後山」と言っていました。北の山のある所へ行くという意味です。また「後草地」とも言います。後とは北の意味です。ゲルの入口を東向きにして建てるとは、初めて聞きました。

「私の幼い頃、モンゴル人たちは漢人たちと混住せず、自分たちだけで五家族ないし一〇家族が一緒になり部落ごとに家畜を飼い農業を営み、暮らしを立てていました。我が家は家畜を全部飼い、農地はかなりの広さがありました。黄河の辺りにありました。私は幼いので、農作業に加わることはほとんどなく、父の弟たちが、春には耕作、夏には灌漑《かんがい》や世話、秋には収穫と何日も使い、父は文字の読み書きができるので、大抵、旗公署で暮らしていました。祖父はこれにはさほど満足していなかったと、母は話してくれました。春の家畜の仔の出産、養育、世話、放牧、搾乳と言った牧民の仕事の全てを祖母や叔父嫁などの女たちが引き受け、こなしていました。

屋敷はかなり高くて強固な塁壁に囲まれ、本宅を中心に東西に建物がありました。老若全部入れて一三人が暮らしていました。

塁壁を堅固にしてあるのには、もう一つ訳《わけ》があります。我が家は地元でも裕福な一家だったので、一度ならず土匪の襲撃に遭い、それだけでなく祖父を人質にして乱暴し、金銀を要求したこともあったので、匪賊から守るために仕方なく屋敷を囲む塁壁を設えたのです。また、そういう匪賊が襲撃して来る時には、近隣の部落の人たちを防衛に雇ったこともありました。匪賊は主に夜に来襲するので、塁壁の扉を厳重に閉めて、二、三人が銃を持って夜間は、大抵、見張っていました。

オルドスの人たちは、実父を『お父さん』と呼び、父の父も『お父さん』と呼んで、曾祖父を『老老［お爺さん］』と呼びます。私はお爺さんの背中で三歳になったと言われています。一度、お爺さんが私をおぶって、家の階段を降りる時に足を踏み外して一緒に落っこちてしまったのを、どうしてでしょうか、その時、私が三歳にもなっていなかったのに、はっきり憶えているのが不思議です。私たちの住んでいる母屋の屋根はほとんど平らなので、ふたりで遠くを眺めたり、蒸し暑い夜に外で寝る時などに、屋根を利用したので、煉瓦を積み重ねた階段があったのです。このことからまもなく、お爺さんは借金を取り立てに出かけて帰る途中、馬から落ち、それが元で亡くなったそうです。この時、曽祖父は七四歳でした。お爺さんの顔や格好は憶えていませんが、葬式の時に、たくさんの人が集まりラマ僧がお経を読み、線香が立ち籠めていたのを、ずっと忘れないで記憶に残っています」

（注）磯野富士子に拠ると、ある教学部長のラマは、モンゴルでは「死体を馬車に乗せて走らせ、それが落ちたところを墓とする（と言ってもそこに埋めるわけではなくそのまま置いて来る）という話を否定して、「モンゴルでは土を掘る道具も発達していないし、冬は地面が凍って掘れない。私たちが死体を埋めないのは、決して死人を野に捨てるという意味ではなく、自分の愛する者の亡骸を大自然の中に置くという敬虔な心持ちなのだ」と強調し、風葬場でも死体を置いた所に、頭から左一メートルほど離して、「オンマニ・バトメ・フン」（南無阿弥陀仏）と刻んだ石を東に向けて置くという『冬のモンゴル』二三頁―二四頁）。

（問）現在でも草原地方では風葬でしょうか？　都市部には墓地とか霊園がありますか？

（答）老人が死ぬ前に、風葬にしてくださいと頼むことがあります。その願いを満たすために風葬にすることがあります。他の場合は土葬にします。

「物心が付いた頃に母屋の左端で両親と一緒に暮らしていました。私の知る限りでは父は家にいることが稀でした。旗公署で当直があると言って幾夜も泊まって帰りました。我が家で読み書きできるのは父と四番目の叔父です。二番目の叔父のダガンバヤルに読み書きを習いなさい、と言うと、彼は『兄さんは読み書きを習って、ノヨンになった。私は鞭を持って羊を養って行く。その方が幸せだ』と言うのです。しかし、三番目の叔父のウルジバヤルは読み書きが好きでいつも紙と筆を持って努力していたけれども、運悪く、兵隊になって立哨に出ていた時に中国の兵隊に殺されてしまったそうです」

◎母の思い出

「母はこの大きな家族の主婦でした。普通の女性ではありません。トゥメド氏族の家に生まれました。姉妹ともオルドスの王公貴族の夫人になった貴族の家系の娘だったのです。母はこの一族の嫁となって自分の実家の栄誉も守ると同時に、この大家族の栄誉も高めること、また自分の栄誉は夫の栄誉と直結するということをよく理解していて、小さい時から王妃の教育で養育された人です。タイジの家柄の主婦としての礼法を遵守し、倦まず働いて、親類縁者の愛情と尊敬を得ているのがわかっていたと、後に二三、四歳になった長男の私に話しくれました。

主婦の仕事は容易ではありませんでした。朝日が昇る前に起きて、何よりも先に柵の外にある井戸から二つの木製の桶で水を運んで来て、二、三百リットルは入る二、三の大桶を一杯にします。冬でも同じです。外から蓬を運び込んで火を起こし、あのたくさんの家族の食べ物とお茶を準備する頃になると、祖母が起きて手伝います。牝牛などの乳を搾り、その後に牧草地に出します。暖かい時には乳類を加工し乳製品を作ります。来客があって混雑する時には一家の新妻は大忙しです。換気に気を付けることも重要です。牛糞を集めて乾かしてから積み重ね、泥を塗って被い、冬の燃料を準備します。二輪馬車を曳いて蓬採りに出かけます。どの集落でも豚や鶏を飼っていました。それに餌をやり、飼料の準備に灰条菜をむしり取ったりもしていました。このようないろいろな仕事は良家の出の華奢《きゃしゃ》な母には辛かったのは当たり前です。結婚していない時には夢にも思わなかったでしょう。ただ、父が私たちを慈しむ愛の力と精神力が子沢山で親密な大所帯を支え、親類縁者の世話をしたから、愛情と敬意を受けることができたのでしょう。

当時、一家の主婦は一日の仕事を終えても自分勝手に家に入って休むべきではありませんでした。全員が寝てから、年上の人の許しを得て、やっと家に入って休みます。母のもう一つの大変な仕事は私たち全員にきちんと衣服を充てがう仕事でした。裁縫ミシンはありませんし、店で靴やシャツを買って身に付けるという認識もありません。こういう訳で、シャーハイ、マァーハイ、長靴を全部、手で縫って仕上げていました。

オルドスの人々は日常的にシャーハイとマァーハイを縫います。シャーハイというのはもちろん漢人の履く短靴で、マァーハイというのは木綿で作ったモンゴル靴です。本物のモンゴル靴は皮革で作るものですよ。女子供はほとんどモンゴル靴を履かず、主としてシャーハイやマァーハイを履きます。靴底をしっかりと縫い合わせるために麻糸を刺して縫います。面皮を付けて爪《つま》革《がわ》を鞣革《なめしがわ》で飾り模様を付けて刺繍したものもあります。母は四季折々に着る衣類を手で縫いました。これをすべて、昼間の余暇や夜に、大抵、うす暗い油灯の明かりの下で縫ったのです。夫や子供たちを愛情豊かに満ち足りておくことも、もう一つの義務だったのですね。私は歩けて物心付いた頃から暖かい季節には裸足で、しかも大抵、裸でいるのが好きでした。たまたまチャム祭りなどに家族で出かけたりする時に仕方なく服を着るのは実に面倒なものでした。裸足で駆け回るのは最初は気持が好くても、遊びすぎて茨《イバラ》のある草の中にはまると、帰るのが大変でしたね」

【補説】牧民女性の労働

内蒙古自治区東ウジュムチン旗東部にあるハンウラ草原で、一九六八年から四年間暮らした張承志は牧民女性の労働を次のように描写している。

「草原の女たちは、自分たちが担っている本当の労働は夜にあると言っている。夜半、羊の群れを守る『守夜［マンナ（манаа）］』こそは、モンゴル女性の本分である。彼女たちはよく眠っているようにみえるのだが、実はゲルの外の羊の群れの動静にきき耳をたてており、啼き声が羊の群れの中のものか、ゲルの傍の群れから脱け出したものか、あるいは狼がちかづいてきたための啼き声かをはっきりと区別する。成人に達し、『守夜』の任務を負いはじめてから老いるまでの一生、女たちは安穏に熟睡することはないのだ」(梅村坦訳『モンゴル大草原遊牧誌』一七〇頁―一七一頁)。

◎父の思い出

「両親の誕生日を知らないと言えば、皆さんはとても驚くでしょう。どんな社会で生活するにも身分証明とか登録が行なわれるでしょう。幼い頃、両親や血縁者から『今年で何歳になる?』と尋ねられるだけで、何年に生まれたかは気に留めませんでしたね。これには訳があったのです。当時、西暦を内モンゴルの人たちはほとんど使っていませんでした。チンギス・ハーン暦を公式に使っていました。例えば、一九三〇年は聖なる可汗の七八六年に当たります。また中国の暦(хуанли)も使っていた他に、民族、出身階層、国籍、犯罪歴、党派などを登記していないため、また、若い者たちの杜撰さから、両親が何年に生まれたかなどはまったく無頓着だったのです。後になって必要になって生まれた年を慌てて見つけ出す事態が起こります。しかし、母は学校に入れるのに奔走していた時、一度、『私は光緒の四五年生まれですよ』と言ったのをとても興味を感じて覚えています。それは一九〇八年に当たりました。父は母よりも二歳年下で、一九一〇年に生まれたとのことです。二人とも清国が滅びた頃に生まれました。

我が家はタイジの家柄でしたが、読み書きできる人はいなかったので、一家の長男である父を読み書きできる人にしようと、一〇歳を過ぎた頃に家庭教師を招いて読み書きを習わせる傍ら、旗公署付属の学校に通わせて、満州語、モンゴル語、漢語で読み書きができるようにしたのです。一族でも地元でも学識のある人になり、彼らの手紙を読み書きし、請願・苦情・訴訟などの上申書、祝詞・頌歌なども書いたり読んだりするものがあれば、すべてを立派にやりこなしていると、まもなく印務処（注）に呼ばれ、一八歳にならないうちに行政に励むようになりました。旗公署で公務に就いている時に旗のノヨン（旗長／ジャサクチ）に高く評価されて、その夫人が自分の妹［つまり私の母］を父の妻にしてくれたのです。印務処に勤めているうちに、西スニトの旗長のデムチョグドンロプ［徳王］がバトハールガ［百霊廟］という所に蒙古連盟自治政府を樹立し、各盟から書記を選抜していたので、父はそれに選ばれて赴任し、ずうっとその徳王府で仕事に励んだのです」

（注）旗《き》の役所は印務処［署］と呼ばれ、協理を頂点として管旗章京・印務梅倫・印務札蘭などから成っていた。協理は旗長の王公を補佐して旗務を掌握した。管旗章京は旗長に直属して行政に参与した。印務梅倫は印務処に常駐し、協理を補佐して旗務を処理し公文書を管掌した。印務札蘭は梅倫を助けて旗務を執った（森久男訳『徳王自伝』の訳注　四四九頁）。

「父は痩《や》せぎすで長身でした。それで母は、時々、父を『細長さん』と読んでいました。この二人が一緒になる前はお互いにまったく面識がなく、慣習に従って、その両親が系図を見てから婚儀を執り行ない、親類縁者に披露していた時代です。それでも父は母をとても愛していて、自分の人生を母の言う通りに家族のために尽くしていたのが、幼い私にも分かりました。

それで父は優しい性格で、仏事のような不幸が起こらなくても慈善に努める人だったと思います。ある時、二輪牛車を曳いて蓬を取りに出かけ、ツァガーダイの泉の辺りが非常にぬかるんでいたので、先に行った牛車の轍《わだち》の跡を進みました。しかし、道の溝一杯に蛙《かえる》が屯《たむろ》していたので、車を停めて、蛙《かえる》どもを一匹残らず手で運んで道から出してやってから、やっとのことで先に牛車を進めたと、父自身が話してくれたのを思い出すと、父がこのような善行を施したのを仏様がご覧になっているだろうと思ったものです。

しかし本当に善行を施すべき人が殺生するのを見て腹が立ったことがあります。これと関連して、心に残っている記憶を辿《たど》ると、前世紀の三〇年代頃からチベットのダライ・ラマとバンチン・ボグド［パンチェン・ラマ］との間に対立が生じて、二人の間で宗旨戦争することになりました。バンチン・ボグドはこれに使う資金をモンゴルの信者衆生から集めました。内モンゴル各地を遊説してお経を唱え、信者衆生の中から大量の金銀、物品、家畜を供物として掻き集め、ある所に武器工場まで造りました。バンチン・ボグドが集めた財貨を積んだ車が列を成していました。凸凹だらけの長い道程を曳《ひ》いて、何頭かの牛は重荷で頸《くび》の皮が剥《む》けて血が滲《にじ》んでいるのを見て、嫌悪感を覚えたと父が話してくれたのを思い出します。バンチン・ボグドは霊薬として自分の糞《くそ》を丸薬にして信者衆生にばらまいていたそうです。これら全てを父は忌み嫌っていました。こういう意味で父は信心のない人だったとも言えます。しかし、母は信心深い人だったのでしょうか、夜、寝る前に仏様に祈っていました。これは父には気に入らなかったようです。父を家で見ることは稀で、帰って来た時には母と子供たちに珍しいおもちゃ、品物、飴やお菓子を買って来て、残ったお金は全部、母に渡していました。ある時またこういう嬉しいことがあって父と会った頃、私にはバーランと言う弟ができていました。まもなく父はまた戻ってしまいました」

（注）モンゴル人はチベットのパンチェン・ラマをバンチン・ラマと呼んでいた。

【補説】ラマ教と内蒙古高度自治運動

チベットではダライ・ラマとパンチェン・ラマ[注1]はとかくライバル関係にあり、二人の教主を操って、政治的党派が勢力争いをすることもあった。第九世パンチェン・ラマは英国の支持を受けた第一三世ダライ・ラマとの政争に敗れ、一九二三年、中国に脱出し、北京政府の庇護を受けていた。

蒙彊《もうきょう》のモンゴル族は約一〇万、そのうちラマ僧はおよそ三万二千で、オルドス地方を含むイフジョウ盟だけでも四八もの寺廟があり、七九八六人ものラマ僧がいた（昭和一八年版『蒙彊年鑑』一九四三年）。

一九四三年の西ウジムチン旗のラマ人口は二〇二〇人で、旗の全人口の二〇パーセント（橋本光寶《こうほう》『モンゴル　冬の旅』一二八頁）。

これほどの浸透力と求心力のあるラマ教を利用しない手はない。このパンチェン・ラマを使える人物と目を付けた三つの勢力があった。蒙旗宣撫《せんぶ》に利用した中国政府、内蒙古高度自治運動に利用しようとした徳王政権、内蒙を支配下に治めて機会あらば外蒙に侵入しようとした日本軍である。

パンチェン・ラマは、徳王と郭道甫［モンゴル名はメルセー］(注2)との間を調停したり、シリンゴル盟長の索王を説得するなど、徳王の自治運動に一定の理解を示した。徳王は西スニト旗と西ウジュムチン旗の二カ所にこの高位の活仏のために寺廟を立ててやって、信任を得た。しかし、彼は国民政府に優遇され、一九三二年一二月、西陲宣化使《シーチュイせんげ》に任命され、蒙旗宣撫の任務を帯びていた。本国チベットに返り咲くことも夢見ていた。一九三七年、青海省で客死した。ラティモアに拠ると、満洲国と内蒙古と外蒙古のモンゴル人を結集した国家の元首にパンチェン・ラマを推戴しようという話は、一九三五年頃になると、ほとんど耳にしなくなっていた（磯野富士子訳『モンゴル』一四六頁）。

（注1）パンチェン・ラマの後継者［転生者］は、中国共産党に協力するチベット人の代表になり、彼のライバルであったダライ・ラマの後継者の方はインドに亡命した。

（注2）オーウェン・ラティモアによると、フルンボイルの独立運動家・メルセーは一九二九年、京都で太平洋会議が開催された時、「蒙古問題」と題する貴重なパンフレットを公にした。「当時ほぼ三〇歳、まれにみる有識者で、極めて豪胆な人物であった。彼は故郷のダゴール方言［彼はハイラル・ダゴールの貴族出身である］のみならず、モンゴル語、マンジュ語、シナ語を流暢にはなすことができ、また内モンゴル人民党当初の重要人物で、シナの政策をあからさまに攻撃した一書を著わしているが、これはモンゴル人の執筆した漢文図書のおそらく最初のものではないかと思われる」（後藤富

男訳『満洲に於ける蒙古民族』一九三四年、一一〇頁）。メルセーは一九三〇年頃、ソ連に連行され、一九三四年三月二日、銃殺刑が求刑されたが、一〇年の禁固刑に減刑され、獄死した（田中克彦『ノモンハン戦争』五九頁）。

彼の他にも内蒙古高度自治運動に関わった活仏として、内モンゴルの五台山の活仏第一九世ジャンジャ・ホトクトや外蒙古から内蒙古に避難して来たディロワ・ホトクト（注1）、ワチルダラなどがいるが、内蒙古高度自治運動に対する彼らの足並みは揃《そろ》わなかった。

すでに一九三五年五月、蒙旗宣化使に任命されていたジャンジャ・ホトクト（注2）はパンチェン・ラマが蒙旗を宣撫することに不満で、一九三三年一〇月九日の第二回百霊廟会議を、要員を派遣して妨害した。『外蒙古で独立や自治ができて、どうして内蒙古では自治ができないのか』と徳王を教唆《きょうさ》したディロワ・ホトクト（注3）は外蒙に復帰し復興するという政治的野心を持っていた。一九四二年暮れから四三年三月まで内蒙古を視察した橋本光寶に拠ると、「外蒙避難部落」に住む民間人や上級ラマには腐敗、堕落の評判が立っていた（『モンゴル　冬の旅』一〇七頁―一〇八頁）。一方で徳王は自分の西スニト旗内の廟の統合も行なっていた（同書一二八頁）という。

（注1）内外モンゴルでの活仏級のラマの僧階は、上からホトクト、ゲゲン、ホビルガン、シャブルンである（橋本光寶『モンゴル　冬の旅』一一一頁）。

（注2）ジャンジャ・ホトクトは、一九三七年、国民政府委員に任命されて、終生、国民党と運命を共にし、

一九五七年、台湾で死去した。
（注3）ディロワは、当時、すでに重慶で捕われの身だった（『モンゴル　冬の旅』一〇三頁）。

【補説】その後のダライ・ラマとパンチェン・ラマ

一九五四年、ダライ・ラマ十四世は全国人民代表大会の常務副委員長（国会副議長に相当）に就き、一時的に友好関係にあった。しかし、一九五九年、チベット動乱が勃発。ダライ・ラマ十四世はインド北部に亡命政府を樹立した。

ダライ・ラマに次ぐ地位のパンチェン・ラマ十世は中国に残り、一九八九年、死去。生まれ変わりの「転生霊童」として中国当局と亡命政府はそれぞれ別の少年を十一世と認定した。亡命政府が認めた少年は、中国当局に連れ去られ、今も行方が知れない。中国当局は自らの認めたパンチェン・ラマ十一世を国際会議などに出席させるなどして、その正当性をアピールし、次ぎのダライ・ラマ選びへの布石としている。

一九八九年当時、チベット自治区の書記だった胡錦濤《こきんとう》［フーチンタオ］は、独立を求めるチベット僧たちの抗議行動に対して戒厳令を敷き、自ら指揮をとり、力による鎮圧に踏み切った。鄧小平ら当時の党長老はこれを高く評価した。胡は三年後の党大会で中央委員から政治局員を飛び越して、政治局常務委員に抜擢された。

第三話　小学校時代——百霊廟、フフ・ホト、張家口にて

小学校時代（前列右から２番目がビレクト少年）

【補説】徳王の内蒙古高度自治運動

当時、西スニト旗《き》旗長徳王は内蒙古高度自治運動を進めていた。ビレクト氏の父君は、この自治政府の役人であったので、この政庁の移転と共に、一家は百《ひゃく》霊廟《れいびょう》、厚和《フフホト》、包頭《パオトウ》、張家口《ちょうかこう》と移転する。

「日本軍は一九三三年から中国東北部を占領し、一九三七年には中国中央部と内モンゴルの一部の地方を占領し、支配下に置いていました。デムチグドンロブ

［徳王］は、この状況を利用して、内モンゴルを中国から独立させようと心に決めました。日本の支援と管理下でフフホト（帰綏《きすい》／厚和）に政庁を置いて、内モンゴルをある程度自立した国の状態にし、領土も行政機能も国旗や通貨も備えて、その政府を（内）蒙古連盟政府と宣言したのです。かくして日本の占領地域には「三つの国」つまり、満洲国、中華民国、蒙古連盟自治政府がそれぞれ存在しました。蒙古連盟自治政府の行政区は、シリンゴル盟・チャハル盟・バヤンタル盟・ウランチャブ盟・イフジョウ盟の五つの盟、フフホトとパオトウの二つの特別市と察南・晋北の特別区から成っていました。盟の中は旗に区分されていた他に、漢人が移住して来て農業や商業を営みながら定住した地域は特別行政地とし、『シャニ［邑《むら》］』と呼んでいて盟の管轄でした」（注）

（注）例えば、一九三六年一一月末現在のチャハル盟の民族別人口構成（右翼四旗を除く）は漢族四五万二八四九人、蒙古族二万八八九〇人、日本人三一一人、外国人六〇人で、漢族が九三・九％と圧倒的多数を占め、蒙古族はわずか六・〇％にすぎず、盟公署の財政的基盤は漢人地域にあった（森久男『日本陸軍と内蒙工作』一六七頁）。

「内モンゴルの全ての旗が、当時の状況からして、連盟自治政府に統合される条件はありませんでした。それは、幾つかの地域が日本軍あるいはモンゴル軍に占領されず、旧態依然として軍閥の支配下にあったことと関係します。例えば、イフジョウ盟の北部にあるダルドとジュンガルの二つの旗は軍閥の支配から解放され連盟自治政府側に統合されていましたが、他の旗は軍閥政府の支配下に入ったままでした。（注）このようにオルドス地方は三つの異なる行政下にあって、彼らの間で繰り広げられる闘争に因る脅威は、人民にとって何よりも災難だったと言うしかありません」

（注）イフジョウ盟は綏遠《すいえん》省主席の傅作義《ふさくぎ》の強力な地盤で、オルドス地方は綏遠省に属していた。

【補説】徳王自治政権の変遷と内実

時代は前後するが、ここで徳王自治政権の変遷と内実を整理しておきたい。

清朝はモンゴル族が強大になるのを怖れ、内モンゴル人の土地を六つの盟に分割し、さらに各盟を数旗《き》ないし十数旗に細分し、盟旗間の自由な人口移動を禁止していた。各旗の長となった世襲王公は札薩克《ザサク》［管旗王公］と呼ばれ、盟長は各管旗王公の中から互選で選ばれた。

南京国民政府は、当初、綏遠、チャハル、熱河には省を置かず特別区としたが、地方行政機構を統一するため、一九二八年九月、三特別区を廃止して綏遠省、チャハル省、熱河省を設置した。三省の設置によって、各盟旗の自治が、直接、脅かされることになった。

三省設置を巡っての、各盟旗の対応は一致しなかった。西カラチン旗出身で北京政府内務部主事であった呉鶴齢《ごかくれい》は、各盟旗代表から成る蒙古代表団を組織した。呉鶴齢を中心とする一〇名の代表団は南京に赴き、三省設置に反対し蒙古自治の存続を南京《ナンキン》国民政府に請願した。しかし、一部の保守的な王公は盟旗制度のあらゆる改革に反対しており、シリンゴル盟副盟長で西スニト旗旗長の徳王は、蒙古代表団の盟旗改革案に反対していた。

蒙古知識青年を結集して内蒙高度自治運動を開始した徳王は、各盟旗に呼びかけ、百霊廟［バトハールガ］で一九三三年の七月二六日、一〇月九日と会議を重ねた。

一九三四年四月二三日、百霊廟に蒙古地方自治政務委員会が成立した。委員長には雲王［ウランチャブ盟長］、副委員長には索王［シリンゴル盟長］と沙王［イフジョウ盟長］を選び、百霊廟蒙政会の職員として徳王は秘書庁秘書長、呉鶴齢は参事庁参事長に推挙された。蒙政会は成立当初、百霊廟の廟舎で執務を開始して職員も廟内で起居したが、ラマ［僧侶］から厳重な抗議があって、百霊廟東側のモンゴル包《ゲル》に移って執務を続けた。

蒙政会設立当初、南京国民政府は開設費として二万元しか支給しなかった。事務経費や職員手当を支払うと、保安隊経費も残らなかった。西部内蒙古への日本軍の接近を口実に、徳王は蒋介石に交渉して、経常費毎月三万元と建築費一二万元及び銃器・無線機などの物資の下付の約束を取り付けた。(注1)

一九三五年一〇月の蒙政会第三回委員会総会［二一日から二八日］の期間中に委員長の雲王は南京国民政府から離脱して日本に依存することを決めた。(注2)

(注1) ドムチョクドンロブ『徳王自伝』(邦訳一九九四年) 六一頁
(注2) 森久男 (二〇〇九)『日本陸軍と内蒙工作』九七頁

一九三五年一二月末、李守信の察東警備軍が察北六県に進駐した結果、外長城線以北から南京国民政府の影響力が一掃された。これを機会に翌年一月二三日、徳王は関東軍と協力してチャハル部を盟に改組して、百霊廟蒙政会の名義でチャハル盟公署を張北に設立した。チャハル部は左翼四旗・四牧群がチャハル省に、チャハル右翼四旗〔綏東五県〕は綏遠省に属していた。チャハル部の改組を放置すれば、関東軍の支配力が綏遠省まで及ぶ怖れがあった。

これに対して南京国民政府は、中央政府恭順派を集めて「綏遠省境内蒙古各盟旗地方自治政務委員会」を設立させた。この「綏遠蒙政会」はチャハル右翼四旗〔綏東五県〕にウランチャプ・イフジョウ両盟各旗と帰化トムト旗を合わせた地域を領域とし、一九三六年二月二三日、委員長には沙王〔イフジョウ盟長〕が、副委員長には巴王〔ウランチャプ盟長〕、阿王〔イフジョウ盟副盟長〕、繙王〔ウランチャプ盟副盟長〕が就任した。さらに南京政府は、二つの蒙政会の職員の兼任を禁止した。

徳王には軍事力が決定的に不足していたが、李守信軍が傘下に入って力を得た徳王は、藍地の右上に赤・黄・白の蒙古旗を定め、関東軍特務機関に後押しされて、一九三六年二月一〇日、西スニト旗に「蒙古軍総司令部」を設立し、総司令には徳王、副総司令には李守信が就任した。しかし、各盟旗からはまったく相手にされなかった。

こんな状況では、日本の特務機関が各旗に工作を進めて、個別に直接支配する危険があった。そこで徳王は呉鶴齢の献策に従い、各盟旗が団結して関東軍に対処することにし、索王

［シリンゴル盟長］に相談して各盟旗の代表を集め、同年四月二四日第一回蒙古会議を開催した。大会は表面上、日本に協力することにして、徳化［旧名は化徳］(注)に「蒙古軍政府」の樹立を決めた。五月一二日、蒙古軍政府が成立し、主席は雲王、副主席は沙王と策王、徳王は総裁に就任して実権を握った。察東警備軍を蒙古軍第一軍［軍長は李守信］に改編し、蒙古軍第二軍［軍長は徳王］を編成し、総司令には徳王、副総司令には李守信がなった。

(注) 化徳県の所在地は元々「ジャブサル」と呼ばれていたが、徳王の西スニト旗が隣接していたので、「徳王がこの地に化(ば)かされる」という意味の「化徳」という県をここに新設された。蒙古軍政府が成立してから、「この地が徳王に化かされる」という意味の「徳化」と改めて蒙古軍の直轄の市とし、李守信に市長を兼任させた。しかし、現地の人々は、その後も「化徳」と読んでいた。

蒙古軍政府は徳王の政治力と李守信の軍事力を基礎として成立した。徳王は徳化で政府を支配し、李守信は張北で軍隊の実質的指揮権を保持した。日本軍は一九三六年一月二一日、張北に特務機関を新設［機関長は田中久中佐］した。

しかし、各部署の実権は日系顧問が握り、徳化特務機関長が軍政府を内面指導した。

蒙古軍政府には独自の財源がなく、必要経費はチャハル盟公署の収入に依存した。また、関東軍は参謀長が自由に決裁できる機密費の一部を支出し、不足分には冀東《きとう》密貿易収入を流用した。

蒙古軍政府の支配領域は、名目的にはチャハル・シリンゴル・ウランチャプ・イフジョウの四盟を含むが、実際の支配地域はチャハル盟のみで、他の盟に軍政府の行政権は及ばなかった。

関東軍チャハル派遣兵団〔東条兵団〕がチャハル省に進駐し、一九三七年九月四日、張家口に察南自治政府を成立させた。さらに関東軍蒙彊《もうきょう》兵団〔東条兵団〕は第五師団・独立混成第十一旅団と呼応して、山西省北部に進撃し、一〇月一五日、晋北自治政府を成立させた。蒙彊兵団はさらに綏遠省に進撃し、占領した。徳王は一〇月二七、二八日に第二回蒙古大会を帰綏「フフホト」で開催し、蒙古軍政府を改組して「蒙古連盟自治政府」が成立した。帰綏改め「厚和豪徳」を首府とした。主席は雲王、徳王は副主席と政務院長を兼ね、総軍司令部総司令は李守信と決まった。

連盟自治政府の領域は五盟〔シリンゴル盟・チャハル盟・ウランチャプ盟・バインタラ盟・イフジョウ盟〕と二市〔厚和市と包頭市〕で、四つの盟公署が新設された。イフジョウ旗はダラド旗とジュンガル旗の一部〔包頭市南方の黄河南岸〕を除いては未接収地域なので、包頭を自治政府直轄の特別市にして、臨時のイフジョウ盟公署が置かれた。盟公署の新設で行政機能が加わった。

蒙彊三自治政府の管内のうち、察南と晋北は純粋な漢族居住地域で、蒙古連盟自治政府管内は蒙古族居住地域と蒙漢雑居地域から成り、漢族人口の方が多かった。財政基盤も漢族の居住する農村地帯にあった。

日本側は、当初、蒙疆三自治政府に共通する問題を処理する連絡機関として「蒙疆連合委員会」を発足させた。しかし、漢族・蒙古族・回族・満洲族などが住む多民族地域である蒙疆地方を、「民族協和」の観点から一体的支配を目指すようになり、蒙疆連合委員会は三自治政府の上に君臨する中央政府としての色合いを濃くしていた。

駐蒙軍(注)は徳王に蒙疆連合委員会の総務委員長就任を要請したが、「蒙古独立」を目指す徳王は、はじめ、これを固辞した。しかし、一九三九年四月二九日、駐蒙軍の圧力に屈し就任を余儀なくされた。駐蒙軍は「蒙疆高度自治」を目指し徳王の「蒙古独立」の主張を認めなかったが、徳王を最高指導者に祭り上げないことには、蒙疆区域の特殊性を唱えることはできなかった。蒙疆政権の重要事項の決定は駐蒙軍司令官の管理下に置かれた。

同年九月一日、蒙疆三自治政府は改組し、「蒙古連合自治政府」が成立、主席は徳王、首府は張家口と決まった。漢族居住地域にある自治政府は察南政庁と晋北政庁に格下げされた。張家口は察南政庁に管轄された。

駐蒙軍の作戦区域は、本来、蒙疆区域だが、シリンゴル盟東部は満洲国に近い地域的特殊性により、東ウジムチン旗は関東軍の作戦管轄になっていた。実際の兵力展開は、主に南部の漢族居住の農業・商業地区の治安維持、オルドスの傅作義《ふさくぎ》軍及び共産八路軍との対峙が任務で、蒙古族が遊牧する草原地帯には徳王府警護のため、西スニト旗には及んでいなかった。

一個小隊が駐屯していた。

なお、一九四五年八月のソ連・外蒙連合軍進攻当時の軍司令官は根本博中将で、八月二二日朝まで抗戦を続行するという、彼の独断専行のおかげで、内モンゴルの日本人居留民四万人は奇跡的に脱出することができた（稲垣武『昭和二〇年八月二〇日・内蒙古邦人四万奇跡の脱出』一九八一年）。

（注）関東軍ではなく北支那方面軍の戦闘序列に属していた駐蒙軍には、第二六師団（歩兵師団）を基幹に独立混成第二旅団と騎兵集団が追加配備されていた。騎兵集団は包頭、固陽、サラチの防衛を担当し、一九四二年末に戦車第三師団に改編され、包頭に駐屯した。兵力が最も充実した一九四二年頃には全兵力が約四万五千人であった。戦争末期になると精鋭部隊は転用され、新編成の補充部隊に替えられて、戦力は弱体化した。

徳王は蒙古連合自治政府への改組に当たって、厚和に「蒙古自治国」の樹立を意図し、せめて「蒙古自治邦」という名称を用いるよう駐蒙軍に要求していた。

一九四〇年八月四日、駐蒙軍は「蒙古連合自治政府」を対内的に「蒙古自治邦政府」と呼ぶことを正式に承認した。

この名称変更は、モンゴル人の間では「蒙古独立の前兆」とか「大蒙古建設の希望は軌道に乗った」とか言って好評であったが、漢人の有識者たちは不満で、「日本の極めて巧妙な政策」と見なす者もいた。この名称の既成事実化が進み、「蒙古自治邦政府」の名称は正式な公文書でも使われるようになった（森久男『徳王の研究』一七五頁）。

しかし、日本政府は一九四三年一一月五日、六日の両日、帝国議事堂で開催された大東亜会議に、蒙古自治邦からは一人も招聘《しょうへい》しなかった。チャンドラ・ボース印度仮政府主席でさえ陪席として招かれたにもかかわらず、である。やむを得ず、徳王は民政部長の松王と通訳を、「蒙彊地区」の名義で参加させた（森久男訳『徳王自伝』二六九頁）。

徳王政府に不足していたものは軍事力だったが、その拡充に触れる前に、徳王政府の蒙古軍と連携関係にあった満洲国軍に言及しておく。

満洲国軍の整軍期には、軍政部を頭に、五つの軍管区［師団］、東西南北の興安警備軍が四つ、特殊部隊として各民族を主体にした五つの民族部隊があった。

軍管区と興安警備軍は概ね中国人兵士とモンゴル人兵士から成っていた［終戦時には一一の軍管区に改編］。モンゴル人特殊部隊は一九四一年五月に誕生し、当初は「磯野部隊」と言われたが、四三年三月、「第五三部隊」に改編され部隊長も松浦少佐に替わったので、「松浦部隊」と呼ばれるようになった。モンゴル人兵士に日本の軍服を着せて、日本人に見せかけていた（牧南恭子『五千日の軍隊』二〇〇四年　七九頁）。

満洲国軍の多くは、一九四五年八月、ソ連・外蒙軍が満洲国と内モンゴルに進攻した時、背叛逃亡した。これについては第五話で詳述する。

当初、徳王は蒋介石の銃器供与に頼ったり中央軍官学校張北分校設立計画を当てにしたが、銃器供与はいい加減で、計画は中止になった。蒙政会設立時、徳王の軍事力は蒙古知識青年たちと各盟旗子弟七〇余から成る蒙古幹部学生隊のみだった。保安処に三つの科を設けて、各旗にモンゴル兵を選抜して送るように命令したが、送って来たのはシリンゴル盟各旗からだけだった。国民政府には保安隊の編成と経費・武器の下付を申請した。

徳王は日本軍の力を借り、蒙古軍総司令部、蒙古軍政府を設立し、軍事力の拡充を図った。軍事面の最強の協力者である李守信は、東北軍騎兵第一七旅旅長［連隊長］だったが、一九三三年春、関東軍に帰順し、興安遊撃師司令に就き、興安遊撃師が、同年八月の察東特別自治区成立後に察東警備軍と改称されると、その司令の李守信は三個師の指揮を任せられた。

蒙古軍政府成立後、李守信を第一軍軍長にし、第一師から第四師と直属砲兵隊を指揮させ、徳王は第二軍軍長として第五師から第八師までを指揮した。後に警衛師を第九師に改編した。一九三七年になって九個師は六個師に再編された。しかし、特に満洲国の各旗で募集した兵士の多くは匪賊、ごろつき、チンピラなどばかりで軍律は守られず、員数合わせに悪質な古参兵を徴兵すべき旗民の身代わりにするなど編成は杜撰《ずさん》であった。

◎百霊廟［バトハールガ］にて

「満洲王朝が一九一一年に滅び、北モンゴル［外蒙古］は分離独立しましたが、南モンゴル［内蒙古］は中華民国の辺境として残りました。北のボグド政府は内モンゴルを解放しようと一九一三年、五方面から軍隊を進入させて勝利し、大部分の領土を解放しましたが、帝国ロシアは権益と一致しないので、圧力をかけ、ボグド政府軍は仕方なく兵を引き、その後、キャフタで開かれた三国会議の結果、南モンゴルは中国に帰属しました。ボグド政府軍の進攻は二つのモンゴルを統一しようとする壮大な意図を持った歴史的偉業だったのです」

（注）この一九一五年六月七日に調印された協定を、モンゴル側は三国協定と呼ぶが、中国側は「三方会議」とした。

【補説】キャフタ協定前後の南北モンゴル統一独立運動

辛亥革命に乗じて外モンゴルが独立宣言すると、それに呼応して内モンゴルでも独立運動が巻き起こった。外モンゴルに隣接するフルンボイル盟のバルガ族は、ハイラルを占領して「フルンボイル自治政府」を樹立した。内モンゴル六盟四八旗のうち三五旗とチャハル盟八旗のうち六旗がクーロンのボグド政府の統治下に入る意思表示をした。新バルガ族のダムディンスレンを代表とする七人の指導者がクーロンに赴き、バルガ族の外モンゴル帰属を申し出た。ボグド政府はダムディンスレンを外務副大臣の地位に据《す》えた。

ダムディンスレンはウリヤスタイや西部辺境コブド地方で清・満軍掃討に活躍した後、ハルハ族・内モンゴル諸族から成るボグド政府軍を率いて、内モンゴルのほとんどを回復した。内モンゴルと外モンゴルの統一は成らず、キャフタ協定後、自分の家族と血縁の六戸を伴って外モンゴルに移住した。一九一七年には千戸のバルガ族が外モンゴルに移り住んだ（田中克彦『草原の革命家たち』四八頁—五九頁）。

同じく、内モンゴル東部の東トゥメド族のバブージャブも外モンゴルに馳《は》せ参じ、ボグド政府軍を率いて内モンゴル各地で奮戦した。ボグド政府からの撤兵命令に従わず、内モンゴルに留まって交戦を続けた。

ボグド政府からも叛徒と見なされ、中国軍に追われる身となった。日本政府に直接援助は拒否され、一九一六年一〇月。林西城外で敵弾を受けて戦死した（磯野富士子『モンゴル革命』七七頁—八〇頁）。

「この歴史的事件以後、内モンゴルの人々は心安まることはありませんでした。外部からの抑圧に抗して、自分たちの領土を独立させるための幾度かの闘争に多くの人たちが生命を捧げました。こういう英雄的な後継者たちの一人にスニトの王公デムチグドンロブが当然入ります。徳王は内蒙古に独立の自治権を与えるように中国政府に対して何度も請願したけれども、認めるどころか中国に敵対する敵のように見られたため、独立権を懇願するのではなく督促して獲得すべく決心を固め、多数の旗の王公や指導者たちを百霊廟という所に集めて会議を開き、蒙古連盟政府を樹立して、その後に軍事力を充実させました。これは日本軍が中国東北部の三つの省を占領した一九三五年頃のことでした」

「父は旗からここに派遣されて働いていて、まもなく私たちを引き取ることになり、母と弟と私の三人は大喜びで旅の準備をしました。途中、旗公署に寄って母の姉に挨拶をして、そこから幌馬車に乗って包頭市まで送ってもらいました。今度はそこから『火の車』［汽車］という物に乗ってフフホト［厚和］に入りました。物心付いてから田舎の平原で裸足のままで駆け回って育った私には都市が珍しいのは当たり前です。でも頭から消えないで残っていることは、とても不快な悪臭でした。便所に入るというのは、私には大変な難儀でした。(注) 町から出るのは困難です。ヨーグルト、ミルク、アーロール［乾した酸乳］、ウルム［スキムミルク］をとても食べたくなります。でも、果物、飴《あめ》、胡桃《くるみ》といった美味《おい》しい物を食べるのもすばらしいことでした。

しかし、保健衛生など当時は考えもせず、非常に悪いものですから、その美味しい青果に中《あ》たり病気になると、大変でした。これに中たって私の弟は、私たちと永遠に別れることになったのです。今思えば、医者にかかるべきだったでしょう。その当時の中国はいかに無知蒙昧《もうまい》であったかの証拠ですね。このあと、私には毎日ミルクを飲ませるようになり、父の友人仲間も奔走してくれて、まもなくトラックで一日走りに走って百霊廟に入り、父と会ったのです。こうして読み書きのできる父のお陰で、都会、汽車、車などを初めて見たのです。また車を運転していた日本人を初めて見ました」

（注）「ゲルにも草原にも便所はない。『地面は便所、服は便所』という言葉がモンゴルにはある。放牧中はどこで用を足してもよい。最初は難しいのだが、長いモンゴル服は、どこにいても唯一の遮蔽物となるのである。ゲルの近くでは必ず南の方角のどこか、竈の灰などの捨て場近くを用足し場所にする。用がすめば必要なときは長めの草が役に立つ。あとは犬が処分してくれることが多い」（梅村坦訳『モンゴル大草原遊牧誌』九〇頁）

「田舎では日本人を、人を食う怪物のように言っていたのに、この日本人の運転手はごく普通の人間だったのにはとても驚きました。中国を占領した日本人は横暴残忍で、日本人というのは鼻孔から煙を出し兎《うさぎ》のように跳び歩く、と言うような大人の話をそっと聞いていた私は何とも驚きましたよ。

父と母は会うと、おいおい泣きました。もし果物の毒に中たらなければ、弟のバーランは生きているのに、と外にいても泣いていました。父は私たちが来るという知らせを聞いて、弟と四人で寝泊まりできる小さな建物を借りていたのでした。

百霊廟は西と北に山があり、町中を河が流れる広い谷間に位置したように思います。河の西側に百霊廟の僧院の建物が並んでいます。河の東側には泥の民家、交易所、商店があります。僧院のこちら側にはモンゴル包［ゲル］が数幕ずつ並んで立っているのが見え、それらは役所の役人の宿舎と行政業務をするゲルでした。モンゴルの土地とは言っても、モンゴル人はわずかしか目にしません。商売人、手職人、仲買人は漢人でした。彼らは野菜を植えていた他に、牧畜も営んでいました。

私たちと並びの地所に若い中国人夫婦の一家が引っ越して来て、まもなく知り合いになりました。母に連れられて中に入ってみると、贅沢《ぜいたく》な家族で、家の中には蓄音器がありました。それをかける度《たび》に私は走り込んで耳を澄まして、その蓄音器の中から歌う人たちが出て来るのを待っていました。この若い夫婦が何をしてここにいたのか、今になって思い巡らすと、諜報活動をしていたとしか考えられません。

時々、地方のモンゴル人がやって来て、乳製品を売るけれども、それはカビが生えて腐臭がして食べられない物で、最低限の衛生観念もなく、食中毒という辛酸を嘗めた私たちは、物を買うのに慎重になったように思われます。

百霊廟の政府の政策は中国政府の政策と対立していたので、今、思うと、中国の諜者が行動を逐一しっかり監視していたのは当然です。その当時、内モンゴルの西部地方全てを馮玉祥《ふうぎょくしょう》という軍閥の支配下にあったので、侵入して来て張北を攻撃する危険があるのを知って、仕方なく母と私は、次の春に故郷へ帰ることになりました。

当時、田舎の私たちにはラジオ、新聞、雑誌のような情報手段がなく、母はそこからの風の便りや噂《うわさ》で父の消息を知るしかないので、いつも仏様に祈っていました。後で聞いたところによれば、中国の軍隊が百霊廟に侵攻し、我が政府はチャハルの徳化［化徳］と言う所に移り、日本軍が武器援助をして、中国軍を打破しました。その後、フフホト［厚和］に役所が移転しました。この間、父は公務をするのと並行して、銃を担いで戦闘もしていたのでした」

◎フフホト［帰綏／厚和］での暮らし――家族の最も幸福な時期

「私たちは故郷に送られて来た後、人々の話から日本軍が侵入して来たと聞いた以外、その戦争がどこで起こっているかなどの情報はなかったと言っていいです。しかし、戦争に伴う災厄と言うか、地方の匪賊が横行跋扈《ばっこ》していたように思います。またある日、我が家から東に約五キロ離れた所にある街道を行く中国兵と輜重《しちょう》する人たちの列が何日も続きました。それは今思うと彼らは日本軍に撃破された中国の敗残兵でした。この全てを地方の人たちは非常時の兆候だと危ぶんでいたようです。私たちは故郷に長く留まってはいられませんでした。その年の秋、自治政府はフフホト市に移って来て、政庁で働いていた父は私たちを引き取りました。この頃、私には二歳の誕生日を迎えたツォルモンという弟ができていました。私たちは準備を整え、包頭市まで送られて、そこから汽車でフフホト市に入りました。市の門、駅、主要な場所では日本兵が目に付きましたが、戦闘があったという徴候は見受けられず平穏だったのは、中国軍が簡単に降伏してしまったのと関係があったのでしょう。

フフホトは、当時、帰綏《きすい》という名前でしたが、蒙古連盟自治政府がそこに樹立されてからは、フフホトという旧いモンゴル名を復活させました。父は私たちを迎えてくれて、「綏西」という旅館に泊め、数日後に借家に連れて行きました。その旅館にいた時に、初めて映画というものを見ましたよ。それは今思うと、外国の映画で、当世風の音楽や場面のある映画でした。

フフホトはかなり離れた新旧二つの市街地から成っていました。旧市街地［帰化城］は市場商業地区で、そこには大きな商館、有名なレストラン、旅館、歓楽場が中心で、ここにはまた、モンゴル史上名高いトゥメドのアルタン・ハーンが建てた『シレート召』という寺廟があります。新市街地［綏遠城］は周りを青い煉瓦の城壁に囲まれ、盟公署を中心とした特別行政都市と言える城郭でした。市の中央には高い望楼があり、そこから四方に広い街路が走り、街路の終点に城郭の門があります。住宅街が碁盤の目のように整然と立ち並び、住民は主に満洲族でした。と言うのも、話す言葉が地元の漢人とは非常に異なり、女性は纏足《てんそく》ではなく、満洲語を大分《だいぶ》、忘れてしまって漢化した人々だったからです。こういう全てのことからして、新城は満洲族の清朝の時代に築られた満洲軍の軍営あるいは城郭だったことは明らかです。どうしてここに満洲軍の軍営を建造する必要があったかと言えば、当然の事ながら、我々モンゴル人を鎮圧するため以外の何ものでもありません。これと関連して少し史実を辿《たど》れば、モンゴル大帝国［元朝］が崩壊してから、北元が成立して勢いを盛り返し再興して、明国と戦い、国王を捕虜にして首都北京に迫りました。モンゴル大帝国を再び樹立しようと、チャハルのリグデン・ハーン、トゥメドのアルタン・ハーンなどの豪胆《ごうたん》で聡明《そうめい》な、我が先祖たちは戦闘で満洲王朝を狼狽《ろうばい》させた歴史があります。トゥメドのアルタン・ハーンは大青山山脈から陰山山脈までの土地を治め、今のフフホトから包頭までの大興安嶺山脈の山麓に一万本の花を植えたことから、この地方を『万戸』、後に『トゥメド(注)』と地名を変えたのです。このように東トゥメドと西トゥメドと分けられたことについての話があります。それをここで語り直すと、満洲王朝はトゥメドのこの「一万騎」を非常に恐れ、その力を分散させ弱める目的で東と西に分断したのです。これの主な口実になった事件は、中国東北部で起きた満洲王朝に敵対して蜂起した漢族の反乱で、それを制圧するのにトゥメドの万戸から兵を動員し、反乱が鎮圧されると、元の土地に帰さず、東トゥメド旗を設けて長年住まわせた代わりに、彼らの土地に満人の兵隊を定住させたそうです。それらの満人の兵隊たちが兵営、陣地、城塞を築き、新しいフフホトの基礎を敷《し》きました」

(注)「トゥメド」は「トゥメン［万］」から派生している。百戸、千戸、万戸の軍団を指揮するのはノヨン［軍事的頭領］で、百戸長、千戸長、万戸長と呼ばれた。

「満洲族の時代にフフホトを綏遠、帰綏、帰化城と言っていましたが、モンゴル人には耳障りだったでしょう。例えば、綏遠というのは閑静な遠隔地という意味です。当時、満洲軍が本営を置いた建物は今、博物館となっていますが、その庁舎に徳王様が自分の行政府を置き、この役所で父が行政業務していたので、今でもこの城郭を見ると、幼い頃の生活から、父、母、弟と一緒で家族が揃《そろ》い、豊かで幸福に満ちた、最も輝かしい時期が思い出されて、胸がときめきますよ。我が家は新城の西門の傍にあり、周りを菜園と茂みに囲まれ、塀の内側から外の様子がよく見える窓のある、整然と煉瓦を積んだ外壁がありました。庭内には葡萄の木もありました。家から父の働いている役所まではさほど遠くなくて、朝はお茶を飲んでから出勤します。昼は決まって一二時に来て食事をします。夕方、仕事を済ませて帰宅すると、みんなでテーブルの回りに腰かけて、いろんなことを穏やかな声で母と語り合いながら、夕食を食べます。夜、私は床に入って、『お父さんはもう、どこかへ何日も何か月も行ったりはしない。明日の朝起きても、お父さんはいる。昼も夜もいる』と思うと嬉しくなって甘い夢を見たものです。

給料をもらった日は、母にそっくり渡します。母が父にお金をあげてもほんの少ししか受け取っていなかったようです。私も美味しい物を買うお金を母からもらうようになりました。

私自身は町の生活によく慣れて、まもなく中国語の日常の言葉が話せるようになって街を歩き回り、時々いなくなっては母を心配させ、お目玉を食らうことがありました。毎週土曜日は家族で旧城に出かけて、見世物を見たり、食堂に入ったり、商店街に行きます。その頃は特別に映画を見せる劇場はありません。たまに映画があれば、芝居小屋で上映されます。母は私たちをいつも有名な大商館に連れて行きます。店の扉を中から特定の店員が開けてくれて『ノヨンに奥様、ようこそいらっしゃいました』と言って、居心地良く整えた広間に案内して、お茶やお湯などを置いたテーブルに腰かけて父と母が商談をしている間、弟と私は子供の玩具《おもちゃ》のある部屋に招き入れて遊ばしてくれます。遊んでいるうちに、ふと気付くと、父と母が箱や包んだ物を持って帰る頃になり、店の者が腰を曲げて何度もおじきをし、作り笑いを顔に浮かべながら、またいらっしゃってくださいと、入口まで見送りに出てくれたのが、今でも記憶に残っています。この全てにツォルモンと私は大喜びで、また来て面白い玩具で遊びたいと思いました。母は金の耳飾りや指輪をして、その当時、流行の服を着て、高価な外套を羽織《はお》り、おしゃれな靴を履いて歩いて、どんなだったろうと、今、目に浮かびます。元々、母は色白できれいな顔で黒髪、背が高くてほっそりして、すらりとした体型をしていたので、服も靴もアクセサリーもとても好く似合っていました。しかし、街の人になっても、母は縫物から夫や子供たちの世話までこなしていました。私たちのこの幸せな素晴らしい生活は長くは続きませんでした。今、私自身が家族と一緒にいられる幸せを味わっているのを思うと、この時期は私の、と言うよりも母の最も幸せな時期だったと思われます。母は主婦として妻としてこの時期はとても安定していたからでしょう」

◎フフホトの小学校に入学

「私たちの借家の家主は劉という姓の満洲人で、地区の警察署の検察官でした。三人の子供さんがいて、彼らは勉強もできて、躾《しつけ》も良い、立派な、お兄さんたちでした。これに気付いた母は彼らにお願いし、私を口説いて、一九三八年の新学期にフフホトの六番小学校の一学年に入れました。この学校は漢人の学校で、今でも運営されています。

中国は三千年前に文字を持ち、法律法規を整え、法治国家を作った古代からの文明国家と言われているけれども、二〇世紀の初頭には国民のごく一部が文字を知っているだけで、人民は無知蒙昧で、後れた国の一つでした。一九一一年に満洲王朝が滅び、民主的改革の施行と同時に、西欧先進国に倣《なら》って人民を啓蒙開化するために、六年制課程の一般教育の学校を都市部に設立しました。日本はそのずっと以前に、こういう新式の一般教育制度に移行し、それを国民学校［人民の学校］と呼んで、全ての日本人の義務教育として法制化していました。中国では法制化されず、学校に入って学習するかしないかは個人の自由だったのです。地方の田舎、特にモンゴル人居住地域にはこういう学校はなくて、先進的な王公貴族たちは自分の旗地に伝統的な方法で読み書きを教える学校を設立して、読み書きできる人材を準備しただけでした。六年制課程の小学校は二つの課程から成っています。前期四年の初級課程、後期二年の上級課程に分かれています。当時、内モンゴルの知識層は基本的に中国の小学校を経て中学校と上級学校に入り、きちんとした教育を身に着けましたが、その数は昼間の星ほどにごく少数でした。

中学校は五年制課程です。内モンゴル全域に中学校はないので、中学校に入って勉強するには北京か他の中国の大都市に行くしかありません。当時の官吏養成教育の水準は良くてもせいぜい小学校の後期課程の水準だったでしょう。

当時は八歳入学でしたから、私自身は最適な学校を見つけて入ったわけです。入学当初は先生の話が全く理解できなかったのに、一年後にはモンゴル語では話が出来なくなるほどに生粋《きっすい》の満洲方言で話すようになったので、地元の人たちは私に『小満洲人』と渾名《あだな》を付けました。

教科内容は、国語〔漢語〕、算数、自然、音楽、絵画、体育です。先生たちは主に女性でした。今、私自身が教師なって思うのですが、これらの先生たちは教授法を習得していた人たちで学習要求度も高く、覚えが悪かったり学校の規律を守らなかったりすると、叩《たた》いて罰を与えます。基本科目の他に公衆道徳、両親・先生・年長者に対する敬意、誠実、信義、謙遜《けんそん》、勇気などさまざまなことを教えてくれました。級長を公然と挙手して選ぶやり方は私たちの理性に信義の最初の種を確実に蒔いたのだと言えると思います。私の学級には三〇人ぐらいの児童がいましたが、全員の名前は覚えていません。しかし、級長に選ばれた子の名前は今でも覚えています。和潤蓮《わじゅんれん》という名の女の子でした」

◎学校生活

「私たちの学校はとても清潔で広々としていて、構内は花で一杯で、児童の遊ぶ砂場や運動場がありました。一年生、二年生は青い煉瓦校舎で、中国風の青瓦の屋根の校舎では三年生以上の学級が当世風の明るい教室で勉強しました。男の子は青い詰め襟の上着に長いズボン、女の子は水色のシャツに黒いスカートが制服でした。年長組の女子のスカートを見て最初はとても驚き、前から見るのは恥ずかしかったです。というのも、ラマたちが下半身に何も着けないでスカートを履《は》くのをよく知っていたからです。田舎の僧院の見習いラマの裾《すそ》を捲《まく》ってからかう年長者をよく見かけました。それで年長の女子も下に何も着ないでいるのかなぁ、と思ったのです。しかし、まもなく母も町の人になったので、特に父と一緒に家々に招かれたり外出する時はスカートを履くようになり、実情を理解し納得したのです。

毎朝、学校に三銭持って行きます。守衛所の近くで焼餅と油で揚げたお菓子の二つを買いました。学校の特定の場所に置いてある大型給湯器から沸かしたお湯をもらって、飲みながら食べました。私たちは誰が一番早く学校に行くかで驚かしたりしました。しかし、ある朝早く走って登校したら、門の側に銃を持った日本兵が立っていて、掲示板に、『皇軍が一時占拠するにより、学校は臨時休校する』という掲示があったのを見て、自分の家にそれぞれ帰りました。

毎朝、学年ごとに並んで、旗《はた》の掲揚式をします。その旗は日本と内モンゴルの四色五筋の旗でした。内モンゴルの旗の中心には赤い『日の丸』あり、それをモンゴル族、漢族、満洲族などの諸民族が囲み仲良くしていることを象徴しています。

授業が終わっても、子供たちはがやがやと蜘蛛《くも》の子を散らすようにいなくなるわけではありません。まず、朝に掲げた旗を降ろします。それから、列を組み、列ごと先生に指導されて各自の家の門前まで送り届けられ、礼儀正しく解散の挨拶をして家に入るのです」

【補説】日本軍占領下の教育

満洲国内のモンゴル人地帯と徳王自治政府下の内モンゴルの学校教育の概況は、W・ハイシッヒに拠《よ》れば、以下のとおりである。

一九四〇年現在、例えば興安東省のモンゴル人地区だけでも、千以上の小学校と一六の上級学校があった。日本人教師もモンゴル人教師もいた。五万人以上の生徒がこれらの学校で学んでいた。内モンゴルでも状況はほぼ同じだった。一九三九年以後、徳王政権下のモンゴル人地帯では学校と生徒数は四倍に増えた（田中克彦訳『モンゴルの歴史と文化』一二五六頁）。

徳王が特に力を入れたのは教育で、一年の予算の半分は教育に使ったという（磯野富士子『冬のモンゴル』一九五頁）。しかし、それは日本同化教育になっていた。

「『親日防共、民族協和、東亜の道義精神の発揚』を教育方針として、在学中には毎朝学校で国旗掲揚式をおこない、まず、東方に向かって遥拝した。日本軍の歩哨所を通りすぎる際には、『皇軍』に敬礼しなければならなかった。日本の神社を通る時にも、お辞儀して敬意を示さなければならなかった。日本の天長節等の祭日が来れば、各機関・各団体・各学校はかならず休日にして日本国旗を掲げ、記念式典をおこなわければならなかった。『工業の日本、農業と牧畜の蒙彊』という侵略政策を遂行するため、農業中学・牧畜中学しか設立が許されず、工業中学の設立は禁止した」（森久男訳『徳王自伝』二九二頁）

モンゴル青年の近代的教育機関としては北平と南京の蒙蔵学校、奉天蒙旗師範学校、黄埔軍官学校、中央政治学校などがあった。それに満洲国建国後の一九三四年七月一日、鄭家屯《ていかとん》の仮校舎で開校した興安軍官学校があった。これは満洲国軍政部がモンゴル人将校を専門に養成するために設立したもので、翌年八月一日、本校舎が落成した王爺廟《おうやびょう》に移転した。さらに日本の陸軍士官学校などに留学することもできた。

徳王は百霊廟内蒙自治運動の時期に西スニト旗の西軍営に蒙古幹部学生隊を設立した。また南京政府との間に中央軍官学校張北分校設立計画があったが、頓挫《とんざ》した。一九三六年五月の蒙古軍政府樹立後、西スニト旗の東兵営に蒙古軍官学校を設置して、徳王が校長を兼任し、中下級将校の養成を図った(『徳王自伝』一三九頁)。

一九四〇年一一月になると、財団法人「蒙古留学生後援会」が設立され、まもなく蒙古留日予備校を組織して呉鶴齢《ごかくれい》が校長を兼任した。後援会は本部を張家口に置いて、留学生の派遣、留学生会館の経営、留学生の監督などを行なった。

【補説】植民地での日本語教育の実態

以下の概況は、安田敏朗『「国語」の近代史』(二〇〇六)に拠る。

満洲国では制度上、二重言語状態が認められていた。「国語」の教科では二言語の教育がなされ、そのうちの一言語は必ず日本語だった。語学検定試験も日本人であれば「満洲語」「蒙古語」などを選択できたが、日本人以外は「日本語」の検定試験しか受けることができなかった（一五四頁）。つまり、日本人には異言語を学習する機会を与え、その他の民族には「日本語」を必修させていた。

ところが、「日本語」で運営される中央の世界と「満洲語」や「蒙古語」が話される地方とが並存し、乖離《かいり》していた。そこで、日本語を広範に普及徹底させる方針を一時的に放棄して、「満語カナ」という中国語をカタカナで表記する計画を一九四四年から実施した。表記をカタカナにすることで漢語の識字率を高めると同時に、日本語のカタカナに親しませ、日本語の学習を容易にして普及させようとする意図があった。しかし、実績を上げる間もなく、満洲国は崩壊した（一五六頁）。

台湾では台湾としての日本語の方言を発達させていた。もちろん、発音には、「セ」は「シェ」、「セ」は「ジェ」、「バ行」は「マ行」で発音するなどの台湾訛りがあり、「正統な日本語」から見れば、誤用を含むものであった。「大東亜共栄圏」の共通語にふさわしい「国語」を話せ、と矯正させられた（二五頁）。

こうして「国語」を徹底的に教え込まれた占領下の現地人たちは、地方訛りの日本語を話す日本人の日本語を「変な日本語」と笑った（一八頁）。

◎正式な名前をもらう

「学校に入学すると、幼名の他に正式な名前が要《い》ります。しかし、私にはそういう名前がありません。『モーフー』という名前だけです。しかし、私の名を中国人の子供たちは『モーフー』と呼んでも、『モーグゥウ』と聞こえます。それは漢語では『悪霊』とか『雌犬』の意味になります。それで自分の名前が嫌になり、父に変えてくれるように頼みました。父はそれからまもなく、仕事から帰って来ると、ビレクト［知恵者］という名前を恭《うやうや》しく与えてくれたのです。もし中国の学校に入らなければ、モーフーという名前のままだったでしょう。今でも私の田舎の年寄りや叔父たちは私をモーフーと呼びます」

◎四番目の叔父は「蒙古学院」に入学

「当時、フフホトにはモンゴル王公貴族の子弟に教える学校と、モンゴルの上級学校『蒙古学院(注)』という二つの学校が設立されていました。これらの学校には年齢を考慮せずに旗《き》内から若者を選抜して入学させて教育していました。故郷にいた四番目の叔父がこの実情を知って、ある日、役所に務めている兄［私の父］に頼んで、この学校に入学するためにやって来ました。しかし、この学校に入るには盟公署の証明書が必要だったのですが、叔父には証明書がなくて困ってしまいました。しかし、父が手段を講じていると、幸い、我が盟出身のウルジーブレンという若者が、入学を予約し名前を登録したけれども彼自身はまだ来ていなかったので、彼の名前を偽称して叔父の名前をウルジーブレンとして、その学校にまんまと入れてしまいました。そのおかげで叔父は、以後、勉学に励める幸運を手に入れたのです。

叔父は入学して一カ月経った頃、学校の制服を来て帰って来ました。家族揃《そろ》って大喜びで迎えました。後日、全員で写真を撮ってもらいましたが、それは我が家で初めての集合写真になりました」

（注）一九三六年五月、徳王の「蒙古軍政府」成立後に設立され、シリンゴル盟東スニト旗の郭王を院長に、モンゴル青年を募集して短期訓練し、緊急に必要な幹部を養成した（森久男訳『徳王自伝』一五四頁）。

◎包頭《パオトウ》で過ごした日々

「私が二年生になった年、蒙古連合政府(注1)が張家口《ちょうかこう》の方に移転することになりましたが、父は、故郷からさらに遠くには行きたくないので、近くの盟公署勤めを希望し、私たち家族は包頭市(注2)に移り住むことになりました。この年ちょうど、妹のウズメーが生まれました。名前がまだ決まらずにいると、ある日、雨が降り、母が窓から外を見ていると、葡萄《ぶどう》の長い枝が塀を額縁したように這《は》っていました。それで思い付いて、娘をウズメー［葡萄］と名付けたそうです。フフホトから包頭にまでの汽車で行く九つのウルトゥン［駅］のある土地はトゥメド旗の領地です。各ウルトゥン間は十五㌔です。(注3) 各ウルトゥンにはモンゴル名が付いているけれども漢語訛《なま》りで呼ばれています。ここにはアルタン・ハーンの第三夫人の墓として一五世紀に製作された七〇尺のマイダル立像を大青山の麓の僧院に祀《まつ》ってあったと思います。しかし、中国文化大革命の時に何もかも破壊されてしまったのは、本当に残念です」

（注1）連盟自治政府は、一九三七年、フフホトを首府として樹立されたものの、オルドス地方のあるイフジョウ盟の一部にしか行政は及ばなかったので、バインタラ盟内の包頭を特別市にして、ここにイフジョウ盟の盟公署を置いた。一九三九年九月、連合自治政府が成立して、首府は張家口に移転した。ビレクト氏の父君は、故郷に近い包頭のイフジョウ盟公署勤務を望んだ。

（注2）包頭は、一九二二年開通の京包鉄道と包蘭鉄道の接続点。内モンゴル西部や甘粛省の皮革と羊毛の集散地で、これらは天津まで送られた。西北貿易の中心地（『アジア歴史辞典』七巻三三二頁）。

（注3）小沢重男編『現代モンゴル語辞典』はウルトゥン間の距離を三〇～四〇㌔としている（三一二頁）。駅逓制度は第二世太宗［ウゲディ］の時代に整備された。各駅に常に十分な頭数の馬を用意し、その馬の補給交代に備えて馬群も牧養していた。人手、食料、荷車なども準備し、旅行者の格に応じて接待あるいは宿泊させた。次の駅まで旅行者に同行し、馬を曳いて帰るという役には貧民の若者が雇われた。（磯野富士子『モンゴル革命』一三頁、二九頁）

◎包頭の町

「私の母はトゥメド族の貴族の娘でサラチというウルトゥンから遠くないアルツィン・アム

［杜松《ねず》の木口《きぐち》］という所で生まれたと、いつも言っていました。私自身は二〇〇七年の五月に長女とその夫のおかげで、快適な観光バスで高速道路のような立派な道を走った時にその場所を妻に窓から指さして教えながら、母を追憶したのを忘れません。

その当時、包頭市はフフホトほど発展していないのは、八、九歳の私にも分かり、最初の学校を懐かしく思いました。周囲を土塀が囲み、四万ほどの人口で、目に付く大きな建物はほとんどありませんでした。堂々としていたのは駅、発電所、公共会議場ぐらいでした。芝居小屋も一つしかありません。総じて包頭は交易都市でした。中国の鉄道網のこの路線［平綏線］を西北部と繋ぐ接続地でもあり、黄河沿岸に位置していたので、水上運輸で上流の諸省と結ばれていたため商業の重要な後背地だったのです。包頭の商人たちは駱駝《ラクダ》、牛による運送で、北モンゴル地方まで出かけ、家畜、肉、皮革やその他の動物の生肉や加工品の商いが特徴的でした。

包頭での住居には支障ありませんでした。我が旗《き》のノヨンの夫人は母の近親者だったので、すぐに彼らの庭内に住居を造って住みました。

包頭市は日本の侵入軍の戦略上の要地で、ここには日本軍の部隊［駐蒙軍］の他に特務機関、交易所があり、多数の日本人が住み、彼らの学校までありました。また、包頭から遠くない所に内蒙古第五騎兵師の本営などがあったので、黄河北部は比較的平和な状態を保っていました。それで黄河南岸から多数の牧民が逃げて来て、包頭とその近郊に集落や部落ができていました。ノヨン夫人であった私の母の姉の家族もこういう事情で移って来ていました。その娘であるノルジルマー姉はピカ一の美人で、しかも当時でも驚くほど読み書きができました。この素晴らしい姉の息子は後に一九九三年、北モンゴル［モンゴル国］に仕事でやって来て、私を探し当て、ダルハン市の私の家で会うことができました。これと関連しての逸話があります。

一九六〇年代、中国では「文革」が起こり、文化を破壊し知識人を虐待迫害し、毛沢東の言うところの「腐った卵」と蔑称して処刑し撲滅した歴史を知らない人はいないでしょう。この時、ノルジルマー姉の夫は日本で教育を受けて技師になったので、まさに『腐った卵』に属し、党と人民の敵と言われて紅衛兵の手で虐待され監獄に拘禁されました。私の妹の夫のブテーグチは将校だったので、拘禁されている人たちの資料をよく知っていて、自分の親族がいるのに気付きました。そこで彼は全員を自分のオフィスに呼び出し、自分の親族の者を他の者たち以上にあらを探して怒鳴りつけ、他の者たちは部屋から出し自分の身内だけを残しました。兄弟であることを知って満足が行くまで話し合って帰しました。この事件後まもなく、義理の兄［つまり私・ビレクト］が北モンゴル［モンゴル人民共和国］にいるということが理由で、公職から追放されました」

(注) この文革期にモンゴル人民共和国に脱出したツェベクマ母娘の逃避行については、鯉渕信一訳『星の草原に帰らん』に詳しい。

【補説】ダルド旗の難民

イフジョウ盟は蒙古連盟自治政府の管轄地域だったが、その行政能力はジュンガル旗とダルド旗のある河東［包頭市南方の黄河南岸］の一部にしか及んでいなかった。一九三七年一一月、日本軍が包頭に侵攻して来ると、ダルド旗のモンゴル人は黄河を渡って包頭南方に避難して来た（『徳王自伝』二〇三頁）。ビレクト氏の母方はダルド支族。

包頭特務機関は彼らを黄河南岸に帰して、安全を守るために、保安隊を編成した。一九三八年一月、機関長の金川耕作中佐は、この保安隊を「オルドス蒙古挺身隊」と命名した。挺身隊は本部をツァイダムに置き、中国側小部隊の掃討作戦に従事した。のちに挺身隊はダルド旗警察隊に改編された（『徳王自伝』四六八頁）。

◎曽祖母の死

「我が大家族もこの当時、ばらばらな状態でした。曽祖母は数頭の家畜を飼い、ドルベド族の猟師グループに属して包頭近郊のある部落に住んでいました。曽祖父は半数の家畜を飼いながら牧地に残っていたけれども、あちこち移動して戦乱を避けながら不安な昼夜を過ごしていました。

私たちがフフホトから引っ越してからは、いつも曽祖母の側にいましたが、その年の秋、『オンダルマー、朝になっちまった。早く牝牛の乳を搾ってくれないか』と言ってから、永遠の眠りに落ちました。曽祖母はそんな風に九〇回目の朝を迎えて旅発ったのです。二番目と三番目の叔父は蒙古第五師に所属して戦っていました。モンゴル人は年長者や目上の人と特に父母や先祖の名を言うのを忌避するので、代わりの命名法に従って、（父方の）叔父とか、（母方の）伯父とか呼びます。この当時、三番目の父方の伯父は血筋の良くない一族の娘を息子の嫁にしていました」

◎学校探し

「私としては勉学を続けることがとても大切でした。我が旗の人々が移り住んだ村にモンゴル人小学校はありましたが、それは前に学んだ学校よりも劣るように思えて、入って勉強する気にはなれず、できれば、中国人小学校に入りたいと思っていました。そのモンゴル人小学校は、蒙古連盟政府領内に開校され、地方に設けられた公立の最初の学校でしたので、できて何年にもなる中国人の学校に追いつけるだろうか。当時、幼くて、ものの道理が解らないだけでなく、学校というものはこういうものだ、という私の理解からはかけ離れていて、満足できないと思い、嫌気がさしたのです。

しかし、私に大いなる勉学意欲を永久にしっかりと植え付けてくれた最初の学校や先生たちに固執せず、他の学校を探し歩いたのは変でしょうか。その学校は学問を尊び、生涯、人々の中で人格を形成することを教えてくれたおかげで、私は今もますます新しく学び合う意欲に満ちているのです。余暇を利用していつも本を覗《のぞ》きこんであらゆる悪習から遠ざかっていられたのは、最初の学校、最初の先生、最初の仲間たち、導き入れてくれた恩ある母に対して、この年になって、何度頭を下げて膝《ひざ》まづいても足りません。

こうして私という人間は毎日、学校を探して包頭市内を歩き回っていた時、偶然、フフホトで上級の学年にいて、知り合いになった二人の少年と出会いました。その二人とはただ知り合っただけではなく、フフホトにいた時に彼らの家に行って、ご両親とも知り合いになったのです。恵まれた良い家庭で、母親は素敵な服を着て身だしなみの良い、教養のある方でした。しかし、今回、包頭に来てからその子たちと家に行って見ると、生活はかなりうらぶれていました。その後に行って見ると、家の主人はいなくなっていて生活状態はますます悪くなっていました。その当時の知識人や先進的な人たちの生活がこのように悪化しているのは、日本に抵抗する民族運動に参加したり共産主義を信奉したり反日的な思想を持っていると疑われたり、訴訟して敗訴したことなどが原因でした。

私は友達と一緒に学校を探し求めました。申し込んだ二つの学校に入ろうとしても入学試験は終わっていて受けられないと言われました。それは、転校証明書も両親の許可もなく一人で出かけたから、私は相手にされなかったのでしょう。この後、家からかなり離れた、町の郊外にある学校の一学年でまた勉強するように申し込んで、秋から授業に出ました。

教室をはじめ、先生、生徒まで期待どおりではなく、知っていることをまた教わります。しかし、学習意欲は一杯でした。まもなく授業をサボるようになりました。初めは一、二時間で、さらには丸一日サボるようになり、街をぶらつくようになりました。こんなわけで、そのうちに芝居小屋にこっそり入って、芝居のリハーサルに興味を持つようになりました。午後の二時頃に家に帰って鞄《かばん》を置いて、昼食を食べて、また芝居小屋に出かけるようになりました。ある日、また芝居のリハーサルを口をポカンと開けて見ていると、突然、母が入って来て、捕まえて連れ戻しました。かくして事がばれ、事態を心配した母は、張家口に出張していた父が戻るまで私を家に閉じ込めました」

◎市内のモンゴル人学校

「父が帰って来ても私は叱りとばされたり責められる目には遭いませんでした。しかし、包頭市に設立されたモンゴル人学校に入れることになりました。この学校は自治政府の予算で設立され、モンゴル人の子供たちを集めて無償で教え、寄宿舎もあって、教育環境を完備した学校でした。こういう学校があることを母が探し当てて、息子の私を連れて行き、一学年に委託してくれたのです。この学校の校舎は馬王廟（морин шүтээний сүм）で、教室は明るく、柔道場、相撲の土俵があり、数人の日本人の先生がいて、一口で言えば、日本式の教育条件を満たした学校だったと言えます。この学校の全ての物が私には目新しく珍しいものでした。日本語を学ぶ他にモンゴル語の書き方を習いました。何か月も後れていたので授業で理解できないことが多くあっても、寄宿舎で暮らし、用意された食物を食べて、みんなで騒いで遊んで過ごせることは何よりも楽しかったものです。

夏休みには教科書をもらって家に帰りました。本を拡げて母に日本語で読んでモンゴル語で説明してあげました。実を言うと、私が日本語で読んだのは日本語に似せて自分勝手に作った日本語でした。これを知らない母は、『うちの悪餓鬼《わるがき》が日本語をペラペラしゃべるようになった』と言っていました。その後で、モンゴル語の本を出して読んで関心を惹きました。母の喜んだと言ったら…。夏のある日、こんな風に学のある人らしくして母に取り入っていると、遠くに出張していた父が帰って来て、大祝賀会になりました。しばらく母の話を聞いて喜んでいた父が私をテストすることになりました。

半年間の学習期間、遊びほおけて、飲み食いして過ごした私という人間は恥じ悔やんでいると、父は初め教科書類を見て、その中からモンゴル文語の本を取り出し最初の『第一課』を読め、と言いました。その本の文字は私にはまったくわからない、見惑う様々の点と線にすぎません。何と自分の嘘を取り繕ったらよいかわからずにいると、父は一語、一字を指差して、『これはどう読むか』と訊いた。私は答えることができません。この間、母はじっと黙り込んでいました。私を憐《あわ》れんだのか、騙《だま》されたことに腹を立てたのか、おろおろしていました。父が呆《あき》れ果てたのは当たり前ですね。後にモンゴル文語で説明を受けて見ると、父の訊いたのは『第一課』という見出しの『第一』という語だったのです。

秋、学校に戻って、モンゴル文語の学習に全力を出した結果、自分なりの学習方法が出来上がりました。文字を発音してもらって聞き取り、ちょうど漢字を覚えるように、歯［モンゴル文字の歯状のギザギザな線］は一つ一つ数えて、その形を目で覚え、夜、寝床に入っても頭に浮かべて定着させ、良くできる子に辛抱強く尋ねたものです。次に家に帰って、母を騙さず父を怒らせないように読めるようになって、大得意になりました。

モンゴル文語の他に、歴史、地理、自然、算数、体育を教わります。日本語はとても面白く学び、学級で優秀な生徒の一人に入りました。日本語を良く勉強する理由がありました。ここの学校の人たちは、日本人を占領侵略者とは見ていないで、より文化的で教育があると見て、その実体を学び採ろうとしていました。日本人は私たちと、侵略者としてではなく教師のように付き合い、教え育てて、後見支援するのは仕方のないことです。彼らは命令を受けた軍人ではなく任務を担う教師たちだったのですよ。私たちは悪気のない、定見のない幼い子供でした。私たちにとって人間は人間であり、先生は先生でした。ですから、私たちは日本語を学ぶだけではなく、日本人的になっていたのでした。この点、上級生たちは良い模範を示します。日本語のコンテストでスピーチしたりみんなの前で素晴らしい日本語を話すのを見ると、学習意欲は不屈のものになります。子供同士で日本語を話すように努めます。全児童を日本語の習熟度によって、三つに分けられます。優秀な子は赤色の、中位《ぐら》いの子は青色の、初歩の子は白色の丸い記章をそれぞれ襟《えり》に着けました。

包頭市には日本人の小学校がありました。その学校から四、五人の児童を連れて来て、私たちに日本の歌を教えてくれました。この方式に参加して初めて日本人の子供たちと親しくなりました。彼らはまったくモンゴル語が解からないので、日本語で理解し合ったことは日本語の学習意欲を鼓舞することになりました。特に、その日本人の子供が私の言ったことを理解し、日本語で答えたことを私自身が理解するのは、誰かに通訳して助けてもらうよりはずっと刺激的でしたね。こうして、包頭のモンゴル人学校に入ってからは、何事にも独力で専念する好学心が生まれ、そのように学ぶ意義と成果を理解し始めたと言えます」

【補説】徳王自治政府下の日本語教育

一九四〇年一月の民政部訓令により、小学校では週六時間、中学校では週七時間以上の日本語学習が義務づけられた。小学校では教員不足のため、この規定は達成できなかったが、中学校では規定どり実施された。モンゴル人生徒を専門に収容する学校では日本語とモンゴル語のみを教えて中国語は学習させなかった。他方、中国人を専門に収容する学校では日本語と中国語を教え、モンゴル語の学習を許さなかった。民族間の離間を図るためである。社会人に対しては、日語学校が各地に設立され、教員・官吏・一般人を対象とした日語講習会も、随時、開催された。（『徳王自伝』一九三頁、四七五頁）

一方で日本語の語彙をモンゴル語に混入させる試みもあった。「モンゴルにおける日本の文化政策は一九三八年以来、モンゴル人を失望させる一方だった。この年から、ほとんどすべての日本の役所は日本語を第二の言語として普及しようと努めた。満洲国では一九四四年に、内蒙古連合ではすでに一九四三年に、五千語にのぼる日本語の語彙をモンゴル語の中に混ぜ込むことに着手した。近代的な、特に技術用語の造語は日本語にもとづいて行なうことが課題となった。日本軍占領下のモンゴルを、その経済計画の中に組み入れるということが問題となり――そのためには技術的課題をもまかせることのできるモンゴル人の層が必要であった――日本側の意図が明瞭であればあるほど、日本の言語政策的企てはモンゴル人に快よくむかえられなかった」（W・ハイシッヒ『モンゴルの歴史と文化』二五八頁）。

◎四番目の叔父の病気療養

「この間にフフホトの蒙古学院で学んでいた四番目の叔父が体を壊し、骨と皮ばかりになって帰って来ました。一般に今風にいえば、神経衰弱になった上に、悪化して肺病になったとのこと。医者にかかって薬を飲み、脂肪のある物を食べるのは禁じられました。しかし、ますます悪化して痩《や》せ衰えて行きました。この時、父は張家口から戻って来て、ある知己のチベット医を招いて叔父を診《み》せ、その頃、銀の相場はとても厳しかったのですが二百トグルグと高価な物を供物として惜しみなく献呈してチベット医の心を掴《つか》み、直ちに彼のホンドロン寺廟に叔父を連れて行きました。この寺廟は包頭から西に三〇キロほど離れた辺鄙《へんぴ》な田舎にある僧院です。私たちは回復するとはほとんど信じられませんでした。父は実の弟のために有る物は何でも捧げたのでした。おかげで叔父は、その秋、一頭の驢馬《ろば》の背に毛布とフェルトの敷物を左右に振り分けて積み、健やかで朗らか、満腹して肉付きの良い色白の若者となって、にこやかに帰って来たのです。叔父の全治を祝って食事になり、どのように治療を受けたのかと尋ねました。チベット医は少しずつ食べさせてから量を増やし、たっぷり脂肪のある肉、乳茶、乳製品、脂身を一カ月ほど食べさせたそうです。病気が再発しても必ず無理矢理《むりやり》にでも飲食させたので、命を取り止めたのです。そうして、また半月ほど煎《せん》じ薬を飲みました。起きられるようになるとすぐに、家畜の世話をし、毎日、牧草地を見て回り、帰ると滋養になる物を与えられて、叔父は日が経つにつれ、痛みが和らいでいったのです。それ以降はどんな病気にも苦痛にも罹《かか》ることなく、九〇歳を祝い、生きています。昔は供物を気にしながらも、本当に優れた薬草医やチベット医がいたものですね。そんな腕の良いチベット医にどれほどのお布施をしたら良いのでしょう。

しかし、叔父は中国で起こった文化大革命の時に拷問されて今は両耳が聞こえません。八〇歳を迎えた年に訪ねて行くと、『物が聞こえないというのは、また難儀なものですなぁ』と言って座っていました。モンゴル語で実に素晴らしい知恵を語ってくれました」

【補説】内モンゴルでの文化大革命

日本の新聞も「内モンゴル青年センター」の報告書に基づき、内モンゴルでは文革期の六八～六九年に約四万七千人、七〇～九〇年に七千人が殺害された、と伝えている（一九九二年八月二五日付の『朝日』）。

内モンゴル自治区での文革の概況については宗永毅編『毛沢東の文革大虐殺』（二〇〇六年）の第四章、その詳細については楊海英編『内モンゴル自治区の文化大革命』二〇〇八年を参照。なおオルドス・ウーシン旗のチンギス・ハーンの末裔一族に対する暴虐については楊海英・新間聡『チンギス・ハーンの末裔』一九九五年を参照。

◎母の病気

「この頃、三〇にもならないで、まだ若い母が腎臓の病気と腰痛に苦しむようになりました。これを母は春の泥水の洪水の時に、冷たい川を渡ったためだと言いました。西洋医学に診てもらう代わりに、自分で治すと言って、色々なことをやってみました。当時の人々は、科学や実験検査に基づいた西洋の薬や治療を信用せず理解していませんでした。母もまた同じです。妹のツォルモンは、この頃、腸の病気に罹りましたが、民間療法を受け煎じ薬を飲んでいて、死んでしまいました。もし西洋医学にかかっていたら、どうだったでしょうか。今思えば、下剤を飲ませて抗生物質を与えれば、腸を害する条虫だろうと黴菌《ばいきん》を退治していたでしょうに」

◎傅作義《ふさくぎ》軍の来襲

「またこの年、軍閥の傅作義軍が包頭を解放するため侵攻して来て、私としては二度目の戦乱を見ることになりました。日本がアメリカに対してまだ宣戦していなかったことを考えると、一九四一年頃だったでしょう。街の周囲には城壁があります。主として日本軍が防禦します。映画に出て来るように昼夜を問わず、砲声が轟《とどろ》きます。時々、中国兵の吶喊《とっかん》の声が響きます。我が家は城壁から遠くないので、よく聞こえます。それに対して日本軍の機関銃がタタ、タタと音を立てると、しばらく静まり返ります。庭の中に銃弾や手榴弾の破片が飛び込んで来ます。子供たちを外には出しません。水も明かりもなく、商店、交易所は閉鎖され、戦闘が始まって三晩経つと、生活に支障が出始めました。子供たちはと言えば、辛抱できずに庭に出て、遊び走り回り、戦火を恐れて親の心臓は破裂しそうなので打《ぶ》たれるのですが、子供たちは平気です。しかし、一度だけ、庭に出ていて屯《たむろ》していると、そこに大きな手榴弾の破片が飛び込んで来ましたが、怪我をした子供もなく平気でした。戦闘五日目に、蒙古第五師と日本軍の増援が到着して、中国兵を追い払い、町は再び平安になりました」

(注) 傅作義軍の包頭襲撃は一九三九年一二月二〇日。

「戦闘が止んでから、中国兵から捕獲した武器を日本軍のものと比較した展示品を市民に公開したのは日本人側の中国人に対する心理作戦でした。この時、祖父は戦火を避けて、数頭の家畜を駆り立てて、あちこち逃げ回り、時々、私たちの所へやって来ました。どうしようとしていたのか分かりません。私を連れて内外を歩き、学校にも行きます。その後、連絡が途絶え、祖母はわずかの家畜を連れて蒙古ハンフ守備隊の所へ行きました。ここには二番目の叔父が勤めていました。後で聞いたところに拠れば、中国人たちが祖父を襲って命を奪ったとのことです。思うに祖父は、元々、愛国者で闘士だったので、中国人に対してこういう死を選んだのでしょう。祖父は恐れることなく中国人からこれほどの憎しみを買ったことに満足していたのだと、孫として祖父をよく知っている私はまったく疑いません。

祖母のいた守備隊は内モンゴルの国境沿いにあるので、いつも戦闘態勢にあります。夏休みに母はウズメーと私を連れて、祖母を連れ戻しに行きました。車で一日かかったのを考えると、二百キロぐらいあったでしょう。行ってみると、まるで前線にいるようで周囲には塹壕《ざんごう》が掘られ、地雷が埋まり、検問所があり、兵隊は完全装備で行進しています。この全てが小さくても男子である私の興味を大いに引きました。ここに数年前には私の旗で一番の金持の一人であったセンゲー大佐の館《やかた》がありました。戦乱で中国人が襲撃し、多大な損害を受けたけれども、一部の建物が残って、兵舎になっていたのです。私はここには残りませんでした。授業が始まるので包頭に送られ、母と妹はそこに残りました。私が帰ったすぐ後で、敵方が襲い、昼夜の戦闘で多大な損害を出し一部が捕虜になり退却しました」

◎日米開戦

「この年［一九四一年］の末、冷え込んだ一二月のある朝、学校から非常呼集があり、夜明けに起こされて、整列させられました。日本がアメリカに宣戦布告したからでした。私たちには特別の事情は知らされず、日本が勝てる状況にあるようでした」

◎父母と妹は張家口へ引っ越し、一人で包頭に残る

「父は張家口勤務になって、すぐに赴任することになったので、母とウズメーを連れて移りました。かくして私一人が包頭に残ったのです。これは私の希望を尊重しての決定でした。私としてはこの移転はまったく気に入りませんでした。フフホトから移った時に私の勉強がどんなにどのくらい長く後れたことか。もし引っ越しがなければ、今頃は中国語の他にたくさんのいろんな知識を体系的に学べて、四年生として勉強していたはずです。今やっとこの学校に落ち着けたというのに、転校するというのはどうしても納得の行かないことでした。それでここに残り、父、母、妹が恋しくなっても、今学期を成果を挙げて終えるのが正しかったのです。かくして、包頭に残った数ヶ月の間に私の勉強に大きな進展が見られたのです。モンゴル語で書かれた本を自由に読みこなし、日本語でも話せるようになったのです」

◎張家口の町

「どんなに鼻が高くなって包頭に残って勉学がうまく行っても、また暖かくなって自然が蘇《よみがえ》って来ると、家族が堪《たま》らなく恋しくなるのは仕方ないことです。なにしろ一〇歳ですから。待ちに待った夏休みになって、母が頼んで預かってもらっていた家族から旅費を受け取って同じクラスの一人の生徒と一緒に初めて独りで旅に出ました。汽車に乗って一昼夜かかるのは随分とゆっくりのようだけれども、二人で行くのでお腹が突き出るほど食べて（思えば母は必要以上にお金を預けて置いたものです）楽しかったように思います。それに大都市にいる父母と弟の所に行くので喜んで出発しました。当時、学校の生徒が夏休みと冬休みに汽車で旅行するには割引券の他に学生証が必要でした。

その歳では、張家口にどんな歴史がありどんな建物があるかも知らず、注意も払いませんでした。ずっと後になっていろんな物を見聞体験し年齢を重ねるにつれて、この町について遡《さかのぼ》って考えるようになりました。歴史的に大きな出来事があったようです。自分の目で見たことから話しましょう。

ジャンチフー［張家口］というのはチャンジャンクォィという漢語のモンゴル語での言い方です。ロシア語ではカルガナですが、ヨーロッパの人は'Khalgan'と言っているところを見ると、本当に歴史上有名な所です。張家口［『集会場の入口』の意］というモンゴル語の名称を考えれば、モンゴル遊牧民の歴史上、特別な位置を占めていたのは明らかです。私の聞いたところに拠ると、一九二七年、内蒙古人民党の最初の大会がここで開かれ、これにはモンゴル人民革命党中央委員会書記長のダンバジャルジャーらも参加しました」

（注）正確には、一九二五年一〇月、張家口で中国軍閥の馮玉祥の庇護《ひご》を受けて、「内蒙古人民革命党」［別名「内蒙古国民党」］が組織され、同月一二日に全国代表大会が開催され、北モンゴルからモンゴル人民革命党議長のダンバドルジらも参加した（生駒雅則『モンゴル民族の近現代史』三九頁、四二頁）。内蒙古自治軍の武装闘争が失敗してのち、人民革命党員は満洲国の政府や軍に入り込んで地下闘争を行なうことになる。（森久男『徳王の研究』一〇七頁）

「内蒙古人民革命党の綱領を協議し、武装蜂起の問題にも言及したそうです。オルドスのドゴイラン運動の指導者（注1）チミド・オチルは、オルドスの人民の実態を、『オルドスの男どもは砂丘や蓬《よもぎ》の茂みの陰《かげ》に潜み、婦女子は中国人に凌辱され侮辱されるという極みに至っている。蜂起しようにも手に握るのは家畜に使う鞭《むち》以外に何もない……』と説明し、兄弟同士のモンゴル人たちから武器援助を北モンゴルら来た代表者たちに切望しました。まもなく北モンゴルからオルドスのドゴイランに百挺の施条《せじょう》銃が送られて来ました。後にチミド・オチル（注2）はウランバートルに行き、党政治大学を終了して戻って来ました。これが張家口市に纏《まつ》わる歴史の一つです」

（注1）牧民蜂起の一形態をドゴイラン［輪になっているもの］と呼ぶが、この呼称の起こりは、蜂起参加者が円座になって会合を開いたため（『徳王自伝』の訳注・四四九頁）とか、牧民家族が円陣を

組んで抵抗の拠点を築いたから（小貫雅男『モンゴル現代史』三三頁）だとも言う。蜂起した時、首謀者が判らないように円環状に署名した。この連判状を小貫雅男は「傘連判訴状」と訳している。
（注2）オルドス地方には中国人入植者が多く、その不満からウーシン旗の多くのモンゴル牧民が共産主義者の支持者になった。その新しい教義の故に、親共蜂起の指導者ウルジェイ・ジャルガルを「新ラマ」と呼んだ。この「新ラマ」は、一九二九年、就寝中に殺害された。彼の組織したドゴイランは第二次世界大戦後に編成された内モンゴル赤軍の根幹となる。（ハイシッヒ『モンゴルの歴史と文化』一七六―一七七頁、一九六頁）

「張家口は山々に囲まれた広い盆地に建設された町です。山は禿《は》げ山で雨がたくさん降ると氾濫して危険です。谷間を流れる川は、通常は、水量は少ないのですが、大雨の年は溢《あふ》れ氾濫し、災害の危険があります。町の中を流れる川［清河］の両岸をきれいな吊橋《つりばし》が繋いでいます。東岸と西岸の地域の他に、町を上区と下区に分けてあります。太平洋岸の交易都市・山海関から始まる有名な万里の長城はこの町の上区で二つに分かれた北塁と南塁が、下区で一つになってさらに続きます。

北側の長城から北にはチャハルの広い大地が続きます。張家口は北側の長城に面し、北モンゴルからの侵入を防ぐ防塞都市です。この都市と南アジア、ヨーロッパを結ぶ隊商の大きな道が通過しています。この道を通って、中国の絹、茶、金銀、果物、アルヒ［蒸留酒］が、大フレー［クーロン／ウランバートル］を経て、キャフタ、イルクーツク、ノボシビルスク、トムスクと、さらにモスクワに着いたのです。モンゴル人はここに家畜の生肉、皮、乳製品などを運んで来て、代わりに火箸、糸、針から婦人の頭飾り、鞍褥《くらじき》など、全ての生活必需品を買います。そのため張家口の商人たちや宿屋の主人たちは片言のモンゴル語を話していました」

「電話などないので、張家口の家には手紙で連絡しておいて、駅で人力車を雇って、直接、行きました。途中、町の様子を興味津々、観察すると、どうしても以前いたフフホトや包頭と比べて、ずっと繁栄しているのが目にはっきり映って嬉《うれ》しくなりました。すぐに父母に会えると思うと、心臓がどきどきしました。人力車が目当ての通りに入ってしばらく走るとある家の入口まで来て、『はぁい、降りる所はここですよ』と言いました。中を覗《のぞ》くと、母が出迎えてくれました。こうして私の張家口での生活が始まったのです」

(注) 梅棹忠夫『回想のモンゴル』(一九九一年)に拠ると、張家口は包頭まで通じる京包線が走る「しずかな山峡《やまかい》の村」で、日本関係機関が揃《そろ》い、蒙彊地方における日本人居留民の中心地。日本大使館、総領事館及びその領事館警察、駐蒙軍司令部、蒙古善隣協会とその付属の西北研究所と回民女塾、蒙古文化研究所、日本人小学校、興蒙学院、蒙彊神社、蒙彊銀行などがあった。

「蒙古連合自治政府の政庁がここに移転していたので、ここは内モンゴルの首府です。この頃は、日米戦争が始まって半年経ち、日本軍はアジアの各地を次々と占領していましたが、私たちには戦況の影響は特にありませんでした。徳王が政庁を移してから短期間の内に実施したのは『興蒙学院』という内モンゴル最初の上級学校を設立したことです。学費は無料の四年制で、学生たちは寝具を持って来るだけです。他の全ても政府が用意します。各地から年齢制限、性別の別なく、志望次第で入学して勉強できます。しかし、モンゴルを復興発展させる志が必要です。傍には、中国、日本の学習指導を基にした、付属の六年制小学校がありました。『人民学校』とか日本語で『国民学校』と言いました。私の四番目の叔父はこの学校の教師をしていました。四番目の叔父は父の一番下の弟で、私よりも一〇歳以上も年上です。私の手を引いて育ててくれました。私にはモンゴル文字を覚えさせ、私の父に倣《なら》って懸命に努力して学のある人になって、この学校で先生をしていたのです。張家口に私が来たことをとても喜んでくれて、二人で外出したり、町を見物したり、さらには田舎の村に安く手に入る果物や野菜を買いに行ったりしました。私たちが夏を楽しく過ごした話の一つをしましょう。

その当時、日本軍に占領された中国民衆は敵意を表に表わさず、行く先々で丁重に接し、商売をするにも安くするなどあらゆる点で丁寧でした。一方、内モンゴル人としては、日本人を自分の共犯者のように見ていました。この状況を叔父と私はうまく利用しました。叔父は教員の制服を着ると、すっかり日本人のように見えてしまいます。私は学校の制服を着て、ちょっと日本語をしゃべりながら歩くと、日本人のように見えます。モンゴル語で話していても、外見から日本人が歩いているように見えるので、中国人の商人は腰を曲げてお辞儀して、野菜、果物、メロンをとても安くしてくれます。ある時、二人で安いメロンを買って食べようと、農家に行きました。山腹を整地した段々畑に八月の始めの新鮮なメロンが丸みを帯びて、涎《よだれ》が出そうになります。畑の向こうのはずれにある小さな天幕の入口に農家の主人らしき人がタバコをくゆらして、こちらをじっと見ている。私たちは日本語を喋りながら近づいて行くと、その人は跳び上がって、中国人が日本人に使う『大尽』という敬語を使って『よろし、よろし』とお辞儀をしながら、天幕の日陰に招いて座らせて、天幕の中から西瓜《すいか》を一個持って来て、割ってくれました。私たちは日本人になりすまして西瓜を食べていましたが、うっかりモンゴル語で『何て旨《うま》い西瓜だ』と言ってしまいました。すると、その中国人は、満面に笑みを浮かべて喜んで私たちよりも上手なモンゴル語でしゃべり始めたではありませんか。私たちの計略がばれたからでしょうか、モンゴル語で話せるチャンスだからでしょうか、ますます好い気になって、モンゴル語で私たちとあれこれ喋りまくりました。恥じ入った私たちは仕方なく、その人に合わせて、モンゴル語で話していました。そのうちに、『どこでそんなモンゴル語を習ったのですか』と訊《き》くと、『小さい時、北の方にいた時に習いました』と言ったのです。それから、叔父と私は日本人になりすます時はとても慎重になったのです。

これを機に、自分で体験した、その当時の内モンゴルの実態についての史料を話しましょう。

一九一一年に満洲王朝が滅びるまで、南北モンゴル人は満洲王朝に帰属し、一つに纏《まと》まった版図《はんと》を成し、私たちを辺疆人と呼んでいました。南北のモンゴル人はお互いに自由に行き来していたのです。国境はないので、南モンゴルには『天幕住まいをして、大フレーに入る』というという決まり文句さえ出来ました。こういうわけで北のハルハの人たちは自由に内モンゴルを旅して商いをしていました。しかし、満洲人政府は中国民衆をモンゴルに入れるのを非常に制限していたそうです。中国民衆をモンゴルに入れないようにするために柳の木の塁壁も造設した歴史があります。これは国境沿いに柳や竹で造った障壁です。しかし、満洲王朝が滅亡する頃になると、その法律も次第に効力を失い(注1)、後には中国民衆の移住は拡大して、北モンゴルの首都、ウリアスタイ、コブド、キャフタなどに定住し農耕を営んだり、オルホン・セレンゲ河の流域で遊牧したり農耕を営んだり、商館や会社を大々的に開きました。蒙地には、大抵、この張家口出身の中国民衆に移って定住し、モンゴル婦人を娶《めと》り、彼らの子孫は今に至るまで蒙地で暮らしています。

しかし、一九一一年、満洲王朝の滅亡を利用して、北のハルハ(注2)が独立し、南モンゴルは中国領内に残ることになりました。『ギョミン・ダン〔国民党〕』を私たちは『ガミン』と言い慣わしています。この党の指導による新中国・中華民国は、満洲王朝の政策を受け継いで、南北モンゴル全土を支配下に入れる政策を遵守《じゅんしゅ》し、ボグド・ハーンのモンゴル国〔北モンゴルのクーロン政府〕樹立を不法とし、当時の大総統・袁世凱《えんせいがい》は北モンゴル政府に最後通牒《つうちょう》を発しました。

これに対してボグト・ハーン・ジャブザンダンバは回答書を送ったのです。『我々モンゴル人とあなた方漢人は共に満洲人の支配下にあった。今や満洲王朝は滅び、あなたの中国も我々モンゴル人も独立を手にしたのは何という僥倖か。かくして我々モンゴル人もあなた方漢人同様に独立した国を樹立し国境を確定するのは正当である』という内容でした。こうして北モンゴルが独立を宣言しても、南モンゴルを『お勝手に』と放って置きませんよ。一九一三年から内モンゴルを奪回する闘争が始まったことはすでに話したので、ここでは繰り返しません。これから後、内モンゴルを中国から独立させようとする抗争は一度ならずありました。その中でも徳王ことデムチグドンロブを長とする闘争はかなりの成果がありました。一九三一年、日本は、発展が後れ疲弊し内政的にも大きな危機に瀕した中国に侵入してから、もう八年経っていました。この事変を利用して、徳王様を長とする同志たちは日本に頼り、日本もまた、この機に乗じて、元来、勇猛であったモンゴル人を平和裡に掌握したいという関心がちょうど一致したのでしょう。何としても内モンゴル人をできる限り援助し、青少年を日本に連れて行って高い教育を受けさせるだけで、(注３)侵略して来て残虐行為に及ぶことは、私の知る限り、内モンゴルでは起きていません。一九三七年一〇月、第二回蒙古大会を招集して『蒙古連盟自治政府』の成立を宣言しました。首都をフフホトとし、一九三九年には政庁を張家口に移したことは、もう話しました」

（注１）一九世紀末になると、清国はシベリア鉄道建設計画に刺激されロシアの東進に備えて蒙地への植民屯墾の必要を感じ、漢人の入植を奨励するようになった。一九一〇年、漢人の移動を制限する一切の法律を正式に廃止した。（磯野富士子『モンゴル革命』二九頁）。

（注２）現在、ハルハ族は北モンゴルの人口のおよそ七八・八％を占めている（小貫雅男『モンゴル現代史』六頁）。

（注３）張家口にあった蒙古善隣協会も留学生受入事業をしていた。善隣協会の経費の全額を日本の大東亜省の補助金が賄っていた。（『徳王自伝』四五八頁、梅棹忠夫『回想のモンゴル』二八頁）

◎国民学校

「夏の素晴らしい季節が移り去り、新学期が始まった。再び、全く新しい土地で、新しい学校に入り、新しい仲間ができました。モンゴル人の子弟を教える学校で六〇人ほどの生徒がいて、授業の学習計画は中国と日本同様で、小学校は六年制です。中国の教科書を使っているので、授業は中国語で行なわれます。モンゴル語と日本語は必修言語で特別に教わります。これは前に学んだ学校とはまったく異なり、私は越え難い峠、渡れぬ河に直面した人間特有の心理的重圧を感じました。九月一日、行進して四学年と書いてある教室に入りました。最初の授業は算数だったように思います。先生が入って来て、すぐに中国語で挨拶して、中国語で授業を始めました。授業は生徒に読ませて、黒板に書かせるものでした。自分が指名されないかと心配で、できればノートと本の間にでも入って隠れてしまいたいくらいでした。幸い私は指名されず、クラスごとに一列に並んで学校の門を出て行きました。しかし、私は残って叔父を見つけて、事情を話しました。叔父は前に『第一』という語が思い出せず、父から拳骨《げんこつ》を食らった時に、一緒に抱いて寝てくれて、朝は起きると、夜は寝床に入る度に「ハ、ガ」と覚えさせてくれて、その文字を知らず暗い穴に落ち込んだ私を救い出してくれました。そして今度は、授業の後の空き時間に、惜しまず、中国語、算数、自然地理を教えてくれて、三カ月経ってやっと、私はその越えられない峠、渡れぬ河の恐怖が少しずつ薄らいだのです。こうして別々のカリキュラムを替えるという苦悩を二度も経験したのです。今思うと、学習計画が良く組織立てられていたようです。その他、先生たちの教え方も上手でした」

◎戦時下の生活

「この頃［一九四二年］太平洋戦争は最高潮で、日本の皇軍は、香港、シンガポール、フィリピン、ベトナム、カンボジア、台湾、スマトラ、インドネシアを占領し、アメリカにも勝っていました。日本軍のこの勝利に私たち生徒も熱狂するばかりで、日本人を嫌悪したり非難したりする気持にはなりませんでした。しかし、中国の子供たちはどうだったのか語るのは難しいです。戦争の初めの頃は戦時の苦難に気付いていなかったと言えます。年々、食料が不足し、相場も下落し、貧民が増えて物乞いをし、娘を売り、収奪強奪が増えていきました。全てが配給制になり、人数に応じて食料品が配られるようになりました。白米や小麦粉は祝事の時しか目にできません。他の時は、唐黍粉《からきびこ》、豆類の粉、植物油をもらいます。じゃがいも、野菜、肉は市場で高く売られます。安い野菜は部落を歩き回れば、手に入ります。綿織物はわずかになり、ぼろぼろの服で出かけます。しかし、町で餓死する人はいません。田舎ではどうだったでしょうかねぇ。我が家でも美味しい物は目の毒でしたが、餓死する事態にはなりません」

【補説】第二次大戦中の内モンゴルの窮状

ハイシッヒは当時の困窮を、以下のように記している。「モンゴルの経済状態は第二次大戦のあいだ年々悪化する一方だった。畜群の数はますます減った。衣服の布地、伝統的なモンゴル靴を作るための革、それどころか極めてささやかな日用品すら無くなった。モンゴル人が副食として用いるきびすらも割り当て制になり、米や小麦粉を手に入れるなんてことは思いもおよばなかった。だから、日本がモンゴル人に占領地区で立派に機能を発揮する行政機関を建設してやってもそれが何の役に立っただろうか。申し分ない教育を受け、現代政治のあらゆる問題に対処できる若いモンゴルの官吏やインテリを作り出したところで今更何になろう。ほかならぬ自分たちの父親らがすでに中国から文化的自治や教育手段の改善を要求したことのある、このインテリ層に属する人たちは、そんなことは当然のこととして受けとった。新京、王爺廟、蒙彊連合の首都張家口の壮大な行政官庁の建物も、人民の食料に対する最もつましい要求が満たされ得なくなった以上、何の説得力もなかった」（田中克彦訳『モンゴルの歴史と文化』二五九頁）。

「序《つい》でに言うと、一九九〇年、一九九一年のモンゴルでもこういう配給制になり、貧民、物乞いが増え、強奪が頻発したのはまさに戦時を思い出され、たとえ争乱にならずとも、〝成功の見通しが立たない革命家たち〟のせいで、国の経済が落ち込み、人民大衆を苦しめる一つの例になったのです。民主化革命によって、職、身内親類、住む家があった多くの人々が路頭に迷い、今でも回復できていないのは実に残念です」

◎学校生活

「四年生も終わる頃、勉強もかなり進み、仲間とも慣れてくると、『天狗になっている』とか、いたずらする、悪ふざけする、だらしない性格が、『押さえても出て来る、埋めても現れる』という声が先生たちの耳に入るようになりました。女の子をからかう、男の子たちとは取っ組み合いの喧嘩《けんか》寸前になる、喧嘩すれば、鼻血が出る、目や口に青あざができても平気でいる。ある時、外のブランコで遊んでいる女の子たちを追い払って、自分が乗っていると、母が見て厳しく咎められました。毎週の決まり事のように、父、母、叔父、先生たちから大小の罰を受けるようになりました。万策尽きて、尻を（刑罰用の）板で打つ。打つ回数、強弱は腹が立った人の怒りの程度で決まります。両頬に平手打ちを食わせるのは最小の罰で、両掌を板で打たれると、腫《は》れあがって痛むようです。ある時、中国語の授業で先生が漢詩を暗記する宿題を出しました。もし覚えていないと、覚えていない語の数だけ、板で叩かれます。中国語は一語が一文字なので、その漢詩は四十以上の文字で成っています。覚えていなければ、それだけ板で打たれます。翌日、女の子の大部分は全部覚えて来たようです。しかし、男の子で覚えて来た者はいません。私はある手立てを思いつきました。どうしたかと言えば、掌に酢を塗ってコンクリートの床に約一〇分間軽く叩きつけると、気を失うので、叩かれても痛くないと聞いたので、便所の床を利用して準備を始めました。女の子たちは何とも早口で済ましてしまいました。私が呼ばれて意気込んで出て行きましたが、二、三行空んじても、それ以上は言えませんでした。先生は板を持ち上げると、手ではなくて両尻を一〇回ずつ叩きました。このように男の子全員の尻を打ったのです。

腰かけられなくなって、授業中はほとんど最後まで立ったままでした。夕方、皆、顔を顰《しか》めて、よろよろ歩き、どうしてしくじったのか不思議で、顔を見合わせていました。先生は私たちの仕掛けを女の子から聞いていたのでした」

「私の学級で私と一つの机にいて、その後ずっと運命で年を取るまで北モンゴルで暮らしていた一人がソブダーという女性です。彼女は夫と一緒に北モンゴルに来て、子沢山の仲睦まじい家庭を作りました。彼らはウランバートルの第一街区で暮らしているので、私は時々お邪魔して昔話に花を咲かせます。二〇〇七年のツァガーン・サル［旧正月］の後に行くと、夫や友人を亡くして元気がなかったのですが、小さい頃の出来事を話していたら、そのうちに愉快になってきました。ソブダーは私より四歳年上ですから、八〇を越えていたけれども、ある出来事をとてもはっきりと覚えていました。ソブダーは、中国語はまあまあで絵が上手です。私は算数がクラスではかなりできる方でした。それでふたりでカンニングをし合いました。

ある時、日本語の授業中にソブダーが、『せんせぇー！』と言うと、先生は『何ですか？』と訊きました。『ビレクトが（おならをして）臭いですねぇー』とソブダーが言うと、先生は『だめじゃないか、待ちぇい』と手で扇ぎながら、私を教室から追い出したそうです。ソブダーはこれを話すのに日本語でとても明瞭に話してくれて、二人でお腹を抱えて笑い転げました。このことはすっかり忘れていました。実は当時、戦争中で、消化の悪い食物を食べていて、おならをしない人はほとんどいなかったでしょうねぇ。私のこのおならは特に臭かったのでしょうか」

「その頃、日本語の学習はとてもうまく行っていました。先生は祝事のある時は私たちを自宅に連れて行って、お話をしてくれたり、女子には編物や皮革染めの仕方を教えてくれました。新しい歌や詩を教えてくれて、劇のコンクールもありました。遠足を企画し、自然環境に親しませてくれました。

私の同級生は私より二、三年早く中国語を勉強していたので、私よりはるかに優れていました。私はこの状態を改善するために他の人に日本語を教え、自分は中国語を教えてもらいました。家の庭内でチャンチャゴというモンゴル系の若い夫婦が暮らしていました。彼らは私が日本語を大体わかるのを知って、私に日本語を教えてもらい、私は替わりに中国語を教わることになりました。

時々、日本兵が一〇人か二〇人が行進して来て、これが友好を深める公式の対面になっていました。兵隊たちは一緒に授業に加わって算術をしたり歌を歌ったり絵を画いたりし、休み時間にはボール遊びをしたり花札をしたり花を植えたりして、その日一日、学校の日課に参加しました。私の学校はモンゴル人を収容していたから来たのでしょう。中国人の学校にも行ったかどうかは分かりません。

私の学校の近くの川辺にたくさんの日本人集落がありました。朝七時頃に学校に行くと、その人たちが家から出て来て、一カ所に集まって、全員が太陽に向かってお辞儀してから、ラジオをかけて朝の体操をしていたのを憶えています。何軒かの家の出入口には『出征兵士の家族』という鑑札が貼ってありました。これで、この家族の誰かが兵隊になっているか、あるいは戦死したかが判り、日本人学校の子供たちは手伝いに行き、私たちも知っている一家の所に行って、水や薪を運んであげたり、お使いに行ってあげたりしました。

たとえ戦時中であっても、張家口は内モンゴルの首都なので、新しい建物が増え、様相を変えていました。今思うと政庁のある建物はかなり壮大なものでした。医科専門学校が設立されて応募に応じた学生たちは、天辺が四角い帽子を被り制服を着ていたのを憶えています。今、話している一九四三年には威圧するように大きい銅像が立っていました。戦死した日本とモンゴルの兵士たちに捧げたものだったと思います。この銅像の除幕式は大仰《おおぎょう》なものだったようです。除幕式には生徒たちは行進して出かけ、暑い太陽の下で立っていることができなくて、数人の子供は近くの木陰《こかげ》で靴を脱いで横になってぐったりしていると、これを見付けた先生が『こういう神聖な所で勝手に寝るとは』と叱りとばして、立ち上がらせたのが思い出されます。今でもあの銅像はあるのでしょうか、取り除かれたのでしょうか。どういう形をして、何の銅像だったのか、まったく思い出せません」

(問)　これが一九四一年のことであれば、故北白川宮永久の御戦績碑除幕式のことです。宮は北白川宮能久親王の孫で、当時、宮川参謀の通称で勤務していて、張家口の清河橋の側で防空演習を観閲していた時、事故で墜落した飛行機に押し潰されて死亡しました（森久男訳『徳王自伝』の訳注　四七四頁）。

(答)　はい、その除幕式でしょう。こんな歌がありました。

北白川宮様は
遠いモンゴルの前線で
御国のために御国のために
勇ましく御戦死なされた
尊さよ

◎自治政府参議府秘書官ツョグバドラハ［陳国藩《ちんこくはん》］

「蒙古連合自治政府主席の徳王の王府は張家口の西南の旧市街地にある中国風の建物で、そこで政務をし、家族で暮らしていました。検問守衛があるので、中に入って見ることはできません。しかし、その参議府秘書官であるツョグバドラハ［陳国藩］(注1)氏の家には常に入れました。彼の娘のサランツェツェグは私のクラスにいて、何人かの子供たちをいつも自宅に連れて行ったからです。全てが配給制の時なので、お菓子や果物は珍品です。その娘は私たちにお菓子や果物をくれます。家の様子は政府の大臣の家らしくなく、ごく普通の役人の家のようで、たくさん本があるだけで、冬に入ると寒かったです。この人についてその夫人だったルスマーさんに年を取ってから、お願いして、自分で訊いたことを簡単に話しましょう。

ツョグバドラハ氏は一九一四年の寅年に生まれました。陳という姓です。小さい時、実母と死に別れ、裕福な継母の手で育てられた。学歴を辿ると、国民政府の有名な北京蒙蔵学校で学んでいた時、マルクスの『資本論』という著作を読んで、疑われたと言います。日本軍が内モンゴル東部を占領し『満洲国』を建国すると、適性試験を受けて日本に自費留学し、日本の帝国大学を優秀な成績で卒業し、天皇から恩賜の腕時計を戴きました。日本で勉強している期間に、数人の仲間と一緒に『東方紅』という新聞を発行していました。卒業して帰国すると、徳王は自分の秘書として働かせていたそうです。この学識ある有能な青年は徳王が信頼する助手であっただけでなく、内外関係や行政上のあらゆる問題を決定する際の主要な助言者だったと言います。

　後押ししていた日本が一九四五年八月に敗戦すると、内モンゴルの情勢は厳しくなりました。内モンゴルを再び中国に服属させないために、北モンゴルかアメリカと結ぶために、外交団を派遣することになりました。北モンゴル行きにはツョグバドラハを任命し、乗物、荷車、書類を用意しました。ツョグバドラハ氏自身は東モンゴル方言を話し、ハルハ・モンゴル語は分からないので、トモルドグシという人を連れて行きました。この時は張家口での戦闘は終わっていたので、車でどうにか峠を越えられました。すると突然、ソ連兵が現れて停止させられました。訊問されてもわからないので、身体検査されて、身に付けていた物すべて、日本の天皇の恩賜の時計も奪われてしまいました。銃で突つかれて、隊長に会わせるまで、集落の野菜貯蔵用の穴蔵に監禁されました。二、三日、拘禁されて、処刑されに追い立てられて行くと、数人のモンゴル人将校にばったり遭いました。状況を訊いて知ると、彼らは自分たちの保護下に置いてくれました。

　この将校たちはこちらの事情を解かってくれたけれども、何か手配してくれる様子はなく、徳王府に行って見ようということになりました。当惑して徳王府に行くと、徳王は待ち切れずに、北京に行ってしまっていたのです。ツョグバドラハ氏が自宅に行って見ると、家族も北京に移っていました。かくして、政府もなく家族もいなくなったので、そのモンゴル人将校たちは北モンゴルに行こうと言ってくれました。北モンゴルで任務を果たせる可能性もあるという忠告に従って、一九四五年九月にウランバートルに入りました」

「この時期、南モンゴルからたくさんの人が来ており、そのうちの知識青年の一部は党幹部学校で、一部は師範学校に入って勉強していました。その中にはサイントグトフ、サイチュンガ、などの南モンゴルの有名な詩人たちも入学して学んでいました。彼らの一部は故郷に戻り、一部は「日本のスパイ」として犠牲になりました。ツョグバドラハ氏は当時の時代の要請に合わせて、政治と語学の知識を向上させるために、南モンゴルの知識人たちの間にマルクス主義研究グループを作って活動しながらロシア語を懸命に勉強しました。一九四五年末、内モンゴルで捕虜になった日本兵が連行されて来て強制労働をするようになると、通訳として働きました。その後、『労働者の道』という中国語新聞の編集の仕事していた時、D・ナツァグドルジの『我が故郷』という詩を中国語に訳したり、マルクスの『資本論』をロシア語で二回読んだとルスマーさんに嬉しそうに語っていたそうです。政治、外交、語学で卓越したこの人を、外務省はあらゆることに利用しました。一九四九年、中華人民共和国成立一周年祭の代表団の団長になるリンチンソドノムという人の全資料を準備しました。北モンゴルで生活して残りの人生をモンゴルために捧げようと決心し、一九五〇年には劇団女優だったルスマーさんと結婚して一人の息子ができました。

しかし、その年の一〇月一二日の夕刻、入口のドアを激しくノックして、内務省の代表と名乗るワン・フゥアイという名の中国人が入って来て、内務省の者だと言って逮捕することを告げ、手を上げさせ、家宅捜索して連行する間に、ルスマーさんは気絶してしまいました。気を取り戻すと、ツョグバドラハ氏は『私はすぐ戻る。安心して子供の世話をしなさい』と言い、追い立てられて出て行ったそうです。

その後、音信がなくなり、一九五二年の一二月五日に銃殺されたと知らされました。一九九〇年の民主化後、名誉回復しました。賠償金として百万トゥグルグもらったと言います。後に公文書館で調べて見ると、彼は自分が有罪だとは認めず、中国共産党員だったそうです。銃殺命令をシャーリンボーという人が執行し、執行前にアルヒを五杯飲んで出かけ、銃殺後に検死医の死亡証明なしに、まだ息のある状態で埋めた、撃たれる前にツョグバドラハ氏は『兄弟よ、命中するように撃ってくれ』と言って、胸をはだけたそうです。ルスマーさんはまだ元気な時に、これを私に話してくれて、回想録を書く時には必ずこれを全部書き入れてください、と注文したので、私はそうすると約束しました。

徳王様のもう一人の秘書はヒャンガン・ゴンボジャブです。ゴンボジャブ氏は日本に留学して一九四三年に卒業して、張家口の興蒙学院で教師をしていましたが、徳王は自分の秘書長に抜擢しました。ゴンボジャブ氏は私の先生でもありました。

もしツョグバドラハ氏がその三人の将校の言葉に従わずに、家族を探しに北京に行っていたら、ゴンボジャブ氏と一緒にアメリカに行く条件は揃っていました。しかし、モンゴルのために働ける好機と喜んでやって来たために、内務省の走狗《そうく》どもに階級の敵だ、日本の手先だと摘発されて銃殺されてしまったのです。

一方、アメリカを目指し危険から逃れたゴンボジャブ先生は生き残ったばかりでなく、アメリカ市民になり、インディアナ大学の先生になって博士号を取り学者となったのです。前世紀の七〇年頃にゴンボジャブ先生はモンゴルに来て、旧友を探してみたら、『処刑された』という返事を受け取って、『モンゴルでは稀に見る学者だったのに何で処刑したのですか』と号泣したそうです。ゴンボジャブ先生はたとえアメリカ国民になったにしても、モンゴルに骨を埋めた人です。かくして徳王の二人の秘書長は二人とも北モンゴルに来て永眠しましたが、一人はアルタン・ウルギー(注2)に、もう一人はモンゴルの地のどこかで眠っているのです」

(注1)ツョグバドラハについてW・ハイシッヒ(一九六四)は、「東モンゴル生えぬきのチョクバラハは常に汎モンゴル的理想に親しみ、すでに一九四五年以前に、日本人の背後で秘密会談を行なうため徳王によりモンゴル人民共和国に派遣されたということである」と言及している(田中克彦訳『モンゴルの歴史と文化』二五七頁)。

(注2)アルタン・ウルギーはモンゴルに功績のあった人々を埋葬する墓地で、「黄金のゆりかご」という意味。

【補説】第二次世界大戦後に北モンゴルに移住した南モンゴル人

モンゴル近現代史上、南モンゴル人の北モンゴルへの移動には三つの時期があったことについては、すでに「はじめに」で触れた。大戦後の第二期目の移動は、①政治的理由で亡命を余儀なくされた亡命組、②南モンゴルから北モンゴルの学校、大学に留学した留学組、③北モンゴルからの宣撫宣伝もあって進んで移住した自発組などであった。陳国藩の場合は、既述したような事情で亡命を余儀なくされ、結果的に留学生として滞在し活動することになった。こういう留学組には弾圧されたり粛清されるケースが多かった。

【補説】ゴンボジャブとグンボラグ村博物館

ゴンボジャブは、北海道帝国大学農学部に専科生として留学し、帰国後、徳王の秘書官などをしていた。一九四九年、香港に脱出、しばらく台湾に滞在した後、モンゴル学者オーエン・ラティモアに伴われ、渡米。インディアナ大学教授になり、「アメリカ・モンゴル協会」を設立した（ツェベクマ『星の草原に帰らん』一六七頁）。

ゴンボジャブは、ツェベクマ女史の夫・ブリンサイハン氏の腹違いの弟。張家口から北西二百キロの、内モンゴル自治区シリンゴル盟タイブス旗グンボラグ村の「グンボラグ村博物館」には、この兄弟の業績を称えて、二人の写真が壁に並び、その下に「グンボラグ村出身の立派な学者」という添え書きと経歴が紹介されており、二人の著わした書物や論文も置いてある（前掲書　二二七頁）。

◎徳王主席の学校訪問

「徳王様は張家口にいる時、いつも訪ねる所は、興蒙学院と私が通っていた、その付属の国民学校でした。徳王様が設立した印刷所(注)もありました。
印刷所は学校の近くにあり、父はそこで校正係として働いていて、時々、学校に来て授業学習状況を見学します。ある時、四番目の叔父がモンゴル文語の授業をしている時に父が入って来ました。叔父が虎という文字を書くと、すぐに立ち上がってチョークを取って『虎（бар）』と書いて、『捕まえて（бариад）食べる虎とライオンの獅子（арслан）を区別して書くのです』と教えてくれました。
徳王様についての歌がありました。憶えているのは、
『高き理想に　不変の慈愛ある　正統な指導者
共に誠心精励しよう』
という部分です」

（注）W・ハイシッヒは徳王の印刷所について、「内モンゴルでもまた、まず徳王殿下がモンゴル語の書物のために出版社一つと印刷所一つを設立した。徳王殿下のチョクバダラハという秘書に経営されていた内モンゴル出版社は、少なくとも日本の影響下に成立した施設の一つだった」と言及している（田中克彦訳『モンゴルの歴史と文化』二五七頁）。

「日本が戦争に負けて、徳王様は一つの支えを失ったけれども、モンゴルが中国の支配から脱するための闘争を継続するためにアラシャン［定遠営］地方に大軍を集めて戦いの準備をしたのをモンゴルの共産主義者には気に入りませんでした。そこで徳王を国政の舞台から遠ざけるため

に、中華人民共和国樹立の少し前に、彼を特別代表に任命し、ウランバートルで交渉するために招きました。徳王様は『倒れるならモンゴルで倒れる』と言って、同志戦士と訣別式を行ない、直ちに北モンゴルに出かけました。

はじめはとても敬意を持って遇されたので、当初、徳王様は騙《だま》されて安心していました。元々、心はモンゴルに向いているし、老獪《ろうかい》で経験を積んでいるので、この程度の事では騙されず、『もしモンゴルに残るなら典籍委員会で史書の研究をしよう』と話していたそうです。

まもなく態度を一変して『悪しき封建領主、人民の弾圧者、日本のスパイ』などと罪科を押し被《かぶ》せて、中国人民の敵だと言って、中国共産党員たちに取り入り身を委ねたけれども、中国人は殺さず、十年の禁錮刑を科し、刑期が終わるや否や、内モンゴル人の間に得た高い名声と学識を利用して、内蒙古民族協議会会長の責任ある仕事を充てがいました」

◎戦況

「人の人生においては知恵が付き、世の中がよく分かって来る時がありますが、一九四三年頃は、私の人生のそういう時期だったと思います。時局がそれに気付かせてくれたようです。

一九四一に日本国は英国、米国などに対して宣戦布告して始めた太平洋戦争あるいは大東亜戦争ははじめから、これらの国々の市場を奪い合い、世界を分割しようとする貪欲な政策で同盟していたのだということを、見識のない子供である私にも漸く理解できました。

その当時、私の知る限りでは日本軍は戦争を始めて数カ月経つと、中国の大都市上海その他の都市から諸外国の占領地を奪還してその支配者を追い払い旗を引き摺り降ろし、その後、香港から英国を追い出し、アメリカの植民地だったフィリピンを占領し、シンガポールを陥落させ、さらにベトナム、マレー、タイなどの諸国に侵入して勝ち続けていました。勝報を口伝えに聞くのとは別に、映画で見ていました。ある歌の一部は今でも記憶にあります。

『香港粉砕してマニラに至る
一週間したら二人してシンガポールの
朝風に翻る日章旗』

というように歌ったものでした。

太平洋のジャワ、スマトラ、インドネシアなどの大きな島々を次々と占領し、このように日本は自分の領土の数百倍の広い範囲で多くの国々と戦い従えていました。この侵略戦争をアジア大陸に新体制を敷くために行なっている聖戦として宣伝して、このようにして作られた右のような歌を、日本、モンゴル、中国で歌っていたのでした。歌の主な内容はアジア大陸に何千年も続く新体制を定着させるというものでした。戦時中なので、私たちは戦争ごっこをして遊びました。しかし、戦争のせいで、食料品の補給がままならず、いつも空腹でした。

日本人も今年中に戦争を終わらせると言って、『今が決戦の時だ』という内容の歌を作って歌うようになりました。

日本の強さと皇軍の赫赫《かくかく》たる戦果に熱狂して、それを模範にしようにも、私たち子供の純真な心とは別でした。当時の社会の実態にわずかな知識の範囲で結論を出し、その範囲で日本の進めている軍国政策に批判的な考えが芽生えて始めていました。

その頃の私の観察によれば、何よりも全ての公的な場で儀式ばった日本人教師たちはその組織の全てを掌握し、全ての仕事を自分の裁量で判断し、自分の考えに合わなければ、嫌疑がかかり弾圧され罰せられるのが日常茶飯事でした」

◎二度目の開眼

「こうして私の目が開かれ、身の回りのことにはっきりした結論を出し、生まれて二度目の開眼をしたのは、（もしこう言って良ければ）ドランガーという教育実習生が大きな役割を果たしています。彼女は日本の軍国主義の反動的な政策について朝鮮の例を上げて、私たちに説明してくれました。興蒙学院から実習生が来て、授業をしていましたが、ドランガー先生もその一人でした。私たちはこの先生から初めて北モンゴルについてのとても感動的な話を聞きました。北モンゴルではすでに一九二一年に人民革命が勝利して革命というものを進める人たちの中で『妥協派』と『独立派』の流れが出来て争いになり、『妥協派』が勝って、ソ連に追従していると説明してくれました。今思うに、モンゴル国が資本主義か非資本主義の道を選ぶかについての論争があり、ソ連に頼ったという出来事を話してくれたのでした」

◎全内モンゴル日本語コンテスト

「一九四三年のことでした。全内モンゴル人日本語優秀者コンテストが開かれました。各都市がモンゴル人、中国人を問わず集まり、自分たちの番号を提示して競い合いました。コンテストは三日間続きました。興蒙学院の先輩たちは、一九〇五年の日露戦争の時に、日本の東郷提督の指揮の下で、ロシア艦隊を日本海の対島の近くで迎え撃ち、撃破したことについての劇を見せてくれました。しかし、小学生の私たちは、ロシアの文豪プーシキンの金魚の話ととても似た「舌切り雀」という日本の民話を脚色した劇をしました。この劇でどういうわけでしょうか、私は欲張りなお婆さんの役をやり、シレンバトは寛容なお爺さんの役を演じ、女の子たちは雀《すずめ》たちになって踊りました。劇の中で使われた着物は日本人家庭から集め、学院の先輩たちの使う軍服、銃器、鉄兜などは日本の守備隊から借りていたのを憶えています」

【補説】日本語劇

しかし、当時、張家口の「西北研究所」の文科系主任だった藤枝晃は、「蒙古善隣協会」

本部近くにあった「回天女塾」で見た日本語劇について、

「そやから、日本語は上手ですわ、ここの女生徒はね。何度もここの女生徒の日本語劇を見せられましたがね、一回は見られる。しかし、同じもん二回見たら、もう見られへん。かわいそうで、かわいそうで、猿芝居やらされているみたいでね」と伝えている（本田靖春『評伝今西錦司』一九九五年一七二頁）。

「コンサート大ホールではコンテスト出場許可証を持った各学校がそれぞれの場所にある椅子に腰をおろして交替で出場しました。休憩時間になると、ある女の子が、『あなたたちはモンゴル人学校の生徒さんですか』と訊いて来て、自分では『私はモンゴル語では話せませんが、モンゴル人です。父母と一緒に大同市(注)で暮らしています』と言って、三日間、私たちから離れませんでした。

『私はモンゴル人だけれど、モンゴル語も文字も知りませんし、モンゴル人には一人も遭いません。内モンゴルにいて外地で暮らしているようなもので、がっかりしています』と言い、あなたたちがモンゴル語で話しているのが聞けて、嬉しいです、と言ってました。コンテストが終わっても私たちから離れられず、泣いていました。ですから、あの女の子は十二、三歳だったのでしょう」

（注）大同は、張家口の南西にある都市で、京包線が通り、晋北政庁があった。

◎チンギス・ハーン映画

「戦争が続き、生活は悪化していましたが、日本人がチャハルとシリンゴルの平原で『チンギス・ハーン』という映画を撮影しているという噂があって、その後、張家口の『世界館』という映画館で上映されましたが、私たち子供は入ろうとしても入れず、子供には見せられないと言われて見ることができず、ただ映画館の外の広告板で写真を見るだけで、見たさを抑えました。思うに、二〇世紀に制作されたチンギス・ハーン映画の最初だったようです。しかし、この映画については何も思い出せないのが不思議です。確か東宝映画だったとは思いますが…」

◎路上生活する流民

「日本が太平洋で展開した戦闘は終わらず、ますます激しくなるに連れて、人民大衆の生活はますます苦しくなって、北京と中国南部から内モンゴル方面に向かって、大勢の人が脱出して来るようになりました。我が家のある通りには北京語を話す人たちで一杯で、住宅問題が深刻になって来ました。田舎の村々から飢えに苦しむ農民が群れを成して入って来て、路上に住み着き、子供を売る行為は日常茶飯事になりました。中国人は、売られる人の首筋か襟元《えりもと》を縄で縛るので、一目瞭然《いちもくりょうぜん》です。何人かの子供を養子にすると言って、条件に合った人たちから子供を買うのは慈善行為で、売春宿の経営者たちや裕福な家庭はここから娘を買って、扱き使うか、その体に値を付けて、金を儲けるため、悪いことをするのです。こういうやり方で売られた娘たちは、一生、地獄のようだったと言います。

その後、何年か経ってから、モンゴルで長く暮らした、ある年配の中国人料理人から聞きましたが、小さい女の子を買った売春宿経営者は、大人になるまで養育し使う傍ら、淫《みだ》らな行為にだんだん慣れさせて、プロの娼婦にし、さらにプロとして働かせるために娼婦養成所という所に入れて、契約をする。三〇歳になると、退職金を出し、この期間に応じて資本金を受け取り、自立するそうです」

◎戦時下の耐乏生活

「太平洋戦争が続き、前線が近づくようで、学校、公的機関や各住区で、消防班を組織して頻繁に訓練をするようになりました。夜は明かりを出さないように、窓に黒いカーテンをし、外でタバコを吸ってはならず、窓ガラスには糊《のり》でテープを貼って保護し、防空壕《ごう》などを造る作業があちこちで行なわれ日本人将校が指示を与えます。アメリカはこんなに遠く離れた都市まで爆撃できたのです。日本軍は自分で敗北を認めるべきでした。しかし、一九四五年にこの日本軍をソ連軍が武装解除しました。最もたくさんの人が集まった闇市場に爆弾を落して、たくさんの人命が失われたそうです」

◎小学校卒業後の進路に迷う

「私は小学校終了が近づき、あらゆることをよく考えるようになりました。自分の専門について考え、全面的に幼い振舞を捨てて改めるようになったのですね。これからも続けて勉強する必要があります。それなら、どんな学校に入るのが良いのか？　中学校に入るなら、北京に行って暮らすことになる。内モンゴルには当時の水準に合った中学校はなく、中学校の名前は持っているけれども、小学校程度の知識しか与えない学校です。

北京で学ぶ資金の他に、戦時中なので生活の保証がありません。この町にも日本人の中学校がありました。しかし、ここに入って勉強するには大変な競争があります。内モンゴルのいくつかの都市から数百人の日本人の子弟が来て競争します。その中から三、四〇人だけが合格し、不合格者はかたまって大泣きし、親の金を無駄遣《むだづか》いして戻るのを見ると、心臓が止まりそうになります。しかし、私より上の学年にいて、あの寛容なお爺さん役を演じたシレムバトは合格し、学校とモンゴルの子供たちの自慢の種になっていました。シレムバドは初めは日本人学校の一学年に入り、家の移転で、その後、中国の小学校に移り、最後の二年で私のモンゴル人小学校を終了したのです。私の小学校は教科内容の点では、その当時の日本の国民学校の水準にあった唯一の学校と言えます。ですから、私の学校は学力に優れた学校だったのです。私は学力は他より劣らないけれども、唯一、中国語の知識だけがまあまあでした。毎日毎日、勉強しても、中国語が劣っていてはどうにもなりません。中国語に優れることは当時の社会の要請だったからです。中国語の読み書きに優れるように、これからも勉強しようか。職を得る保証になる。これと同時に、日本語も勉強したい願望もありました。私は学校で日本語はかなり優れていたのです」

◎自転車事故

「この頃、我が家の暮らしは良くありませんでした。私は自転車やハーモニカがとても欲しかった。しかし、家計の状態を知っているので、言い出せませんでした。そこで自転車に乗る練習をするために学校の備品の自転車を、日曜日に二、三人で密かに借り出して、運動場に行って練習しました。上手に乗る練習をしているうちに演壇の階段に当たり左の頬骨を打って、血が出てしまいました。どこから血が出ているのかわからず、何人かで教員室に入って、薬箱から傷に塗る粉末の黄色の薬を取って塗り包帯を巻きました。夕方に『どうして頭に包帯をしているの？』と母が驚いて訊きました。仕方なく本当のことを言うと、母は父がくれたお金を節約して使って、私に自転車を買ってくれることになりました。数日後に頭の包帯を取って見ると、左の耳たぶに穴が空いていました。母は『うちの息子はノヨンになる定めでないんだねぇ、たとえ血筋は良くても、五体満足な人だけが人民を指導できるのです』と私を哀れんだのでした。

この大変な時期に母の慢性病が再発して立ったり座ったりするのが辛くなり、父は鉛毒のせいで心身共に不調になっていました。また、小学校を卒業する私の行く末も心配で二人には病気よりも辛かったでしょう。一九四三年の冬、父と母は故郷を想うようになり、父は一時休暇をもらって、包頭にいる親類を訪ねて行きました。暫く居て帰る時、私に素敵な羊毛のデール［上着］を買って来てくれました。嬉しかったと言ったらありません」

◎四番目の叔父の縁談

「もう一つ珍しい話がありました。我が旗で一番の金持のセンゲーという方が、我が旗で血筋も良く学識もある若者と見込んで、四番目の叔父に娘を嫁がせたいとのことでした。父はこの一番年下の弟と相談して、これを受理しました。裕福な嫁をもらうのは良いと、貧乏な婿は望んだのでしょうか。我が家が我が旗でいかにタイジの家柄で裕福な名家の一つであっても、戦禍を被って、給料生活をしているこの時節に、そのセンゲー氏は血筋を考慮したのでしょうかねぇ。それ以外、考えられませんね。その富裕な家庭の苦労知らずの娘を嫁にしたら、満ち足りても、肩を張って生きて行けるという望みはわずかなので、父と母はこれに狼狽してしまったのは当然です。

そもそもこの四番目の叔父は幼い時に、母の遠縁のトゥメド族の裕福な家庭の養子になったけれども、故地に帰りたがる馬の群れのようにその家には居られず、実家に戻ろうとする気持ちを止められず、我が方でも当たり前の結果だと考えたのです。時々、自分で口実を見付けては実家に帰って来ました。ある時、父が張北の役所に務めていた時、一番下の叔父が兄に会いたいと言って、帰って来る言い訳話を作り、実家に戻ると泣いて、皆を騙して、家に居ついてしまったそうです。その後は一番上の兄［私の父］から離れずに勉強して、立派な教師になり、今結婚するのですから、それは当然、兄の判断に従うのは、理に適《かな》ったことでしょう」

◎蒙古軍幼年学校入学を決意

「一九四四年の春、私は小学校を申し分ない成績で卒業することになりましたが、その後の進学が問題になっていました。しかし、ある偶然から解決の糸口が出来ました。ある日、人通りの少ない通りで、誰の目も惹くような絵の入った大きなポスターが目に留まり、興味が湧いて読んで見ると、『内モンゴルの軍官養成学校である幼年学校に応募しませんか』とあって、その学校のカリキュラムと出願規定がモンゴル語ではっきりと書いてあって、学校生活を示す写真も入っていました。急いで読んだ私は、これが自分の入りたい学校だと、大喜びして、夕方、父が仕事から戻るのを待ちかねていました。

翌朝、父は職場に行って、この学校について問い合わせをして、よく調べてくれました。この学校はシリンゴル盟の西スニト旗の徳王府の側にあって、国庫で勉強ができ、モンゴルの軍官「将校」を養成する学校だという。これには父も喜んでいました。それで父と一緒にモンゴル（騎兵）連隊に行って、手続きをし、その後、試験に合格しました。この試験を内モンゴル東部出身の生徒や現役の兵士たちも受験しましたが、ドブドンという兵士や東部出身のツェンゲル、ボヤンデルゲルなどが合格したと思います。ツェンゲルとボヤンデルゲルは北モンゴルに移ってから、電気技師として有名になりました。ボヤンデルゲルはロシア人女性を奥さんにして、二人で政府で働き、国家勲章をもらいました」

◎西スニト旗の幼年学校に出立する日

「我が家は故郷にも親族にも近い包頭に引っ越すことになったので、私も限られた期間で入学の準備をするため、西スニト旗に向かうことになりました。父、母、ウズメーを汽車の駅で見送り、私は一番下の叔父と残りました。

私の出立の時になると、学校の人たちはまるで出征兵士を送り出すかのように集まって来て、私を見送ってくれました。この時、日本語の先生の日野先生は感激するようなことを言ってくれたので、自分が孤児になったような気がしました。先生には子供がいなくて、ご主人は鉄道員で、いつも私たちを自宅に呼んでは日本の礼法習慣を教えてくれ、お茶などをごちそうになりました。一番下の叔父は戦時中の食料不足に見合った食卓を整えて茶話会を開き、一人一人にお菓子や果物を分けてやると、一人の女の子が手で顔を被い、教室の方へ行くのに気付きましたが、どうしたのか、今でも思い出せません。私はとてもびっくりして追い駆けて行き、彼女の分を渡して慰めました。その女の子は、学年は私より二学年下ですが、年齢は同じでした。名前はサランツェツェグと言いました。後に一九六〇年頃に、その学年の女の子だったソブダーが夫と一緒にフフホトに出かけた時に、その女の子と出会って昔話をしているうちに私の名前を挙げて私のことを訊いたそうです。思うに、その時まで楽しい出来事を思い出していたのにねぇ。中国語の先生の常天戈は私に洗顔用の好い香りのする石鹸、手拭《てぬぐい》、櫛《くし》、歯ブラシ、歯磨き粉のセット、本、帳面の贈物をくれて、手拭の端には『長途遠大』と書いてあったのを憶えています」

第四話　蒙古軍官養成幼年学校

◎西スニトに出立

「指定の時間帯に叔父に連れられて、徳王府保安隊本部に行って登録を済ませました。暫《しばら》く待っていると、興蒙学院の校長で、後に政府内で昇進して大臣になった呉鶴齢《ごかくれい》氏が中に入って来ました。その当時、呉氏のような政府要人は自動車に乗るのかと思っていたら、徳王様以外は、政府要員でも自動車を使っていなかったのです。一台のトラックが来て、呉氏は座席に、私はわずかの私物を持って荷台に乗りました。これが父、母、親族、故郷から永久に離れる運命の渦に巻き込まれる始まりだったと言えます。奇妙なものですね。この学校は自分で見付けて、この学校に通じる小路を案内してくれたのは呉鶴齢氏なのです。

中国語の先生が手拭いの端に書いてくれた言葉は『前途遼遠』という意味ですが、私には意義深いように思われます。私の学校から一人だけこの幼年学校に合格し、彼らにさながら出征する兵士のように歓呼の声で、見送られました。

私の行く西スニト旗はとても寒いと聞いて、父の買ってくれた立派なデールを持って行きました。途中で一人の兵士が乗って、三人になりました。この人が誰だか、モンゴルの劇場の五〇年から六〇年頃の歌手ですから、ほとんど誰でも知っています。一九四五年に北モンゴルに来てから劇場に歌手として入って、ある時、コーラスに入って歌っていました。これを北朝鮮の外交官が見て、彼は日本のスパイだったと告げ口しました。この直後、行方知れずになったことを考えると、内務省の役人に始末されたのでしょうか。名前は忘れてしまいました。そもそもルスマーさんが彼について話していて、その名前を言っていたんですが…」

【補説】呉鶴齢

西カラチン旗出身で、北京政府内務部主事であった呉鶴齢は、一九二八年六月、各盟旗代表から成る「蒙古代表団」を組織した。盟旗制度を廃止する急進的改革には反対で、盟旗制度を進歩的に改革し、現行の盟旗の上に内蒙古地方政治委員会を組織して、内モンゴルの自治を確立しようとした。同年一一月、国民政府に請願するために蒙古代表団は呉鶴齢を代表とする代表団を南京に派遣した。

しかし、南京国民政府には、「王公の打倒」「盟旗の封建制の廃止」を唱える旧内蒙古国民党のモンゴル人がいて、蒙古代表団を王公の手先であると攻撃した。

一九二九年四月、蒙古代表団駐京弁事処が成立して、蒙古代表団のメンバーは官職を兼任し、呉鶴齢は蒙蔵委員会参事に就任した。しかし、呉鶴齢らは、国民政府内では王公の打倒を目指す急進的共和主義者と攻撃され、盟旗では保守的王公から非難を浴びた。

一方、西スニトに帰った徳王は、モンゴル知識青年を集めて内蒙古高度自治運動を始めていた。呉と徳王は蒙古自治の確立を目指す点では一致していたが、呉が盟旗制度を改革しようとしていたのに対して、徳王は盟旗制度をそのまま温存させようと考えていた。

一九三三年一〇月、呉は徳王との過去の行きがかりを捨てて、第二回百霊廟会議に出席し、徳王の内蒙古高度自治運動に参加した。翌年四月、百霊廟蒙政会が成立すると、呉鶴齢は参事庁参事長に選出された。以後、蒙古軍政府では参議部長、蒙古連盟自治政府では参議会議長、蒙古連合自治政府では政務院長に就任した。

◎幼年学校の日常

「途中、張北、化徳などで試験に合格した生徒たちを乗せて行って、翌朝、徳王府に着きました。呉鶴齢氏と一緒に王府にある特別に準備した部屋に入りました。朝起きて、朝食を食べてから、私を仲間に紹介しました。今思うに、食事を作る調理室はモンゴル式ゲルの中にあったのは、面白いですね。トラックで運んで来たジャガイモの種をそこに収納しました。午後、学校に連れて行かれ、当直の生徒に引き渡され食堂に入りました。食事をしていると、興蒙学院を卒業したカラチン族のワンが入って来ました。彼は特務曹長の徽章《きしょう》を着けていました。こんなところで知った顔に会えるのは嬉しかったと言ったらありません。彼も私を見て、とても喜んでいました。彼は新入生たちに学校の制服を供給し、着て来た私服を回収して特別の倉庫に保管してしまいました。制服、下着とズボン下、室内用のシャツ、作業ズボンとシャツ、式典用のシャツ、靴、スリッパです。

宿舎は両側に寝台がある細長い建物で、一部屋に二〇人位の生徒が入ります。寝台の下から暖めて、部屋を暖房します。旧式に建てられた二、三棟の固定家屋でした。全生徒数は百二〇人以上いて、調理室と食堂は続きで、冬はほとんど冷えきった食事をします。講堂は現代風に建てられ、全生徒を収容できる青い煉瓦造りの建物でした。集会場の後ろの壁には、内モンゴル独立のために生命を捧げたサインバヤル(注1)やバブージャブ(注2)など四人の写真と徳王直筆の「精励誠心」と書かれた垂れ幕がありました。

私たちを何日も甘やかしてはおきませんでした。校内の規則に慣れるためにまさに新兵のように練習しました。朝七時きっかりにラッパの声に起こされて、ズボンと靴を履き、上半身裸で出て、走り体操をします。ベッドに残っていると、叩き起こされて走り出る。便所に行く暇もありません。ズボンに小便をかけてしまうのは日常茶飯事と言っていいです。便所は遠くにあって、夜に便所に行くのは怖かったです。朝練の後には、寝台をきちんと整えます。各自、洗面器に水を入れて、顔と手を洗います。お湯なんてありません。あっても使わせてもらえません。どんなに寒い時でも自分勝手に下着を重ねて着てはいけません。いかなる時でも制服を着ています。帽子の耳を下ろすのも手袋をするのも当番の教官が指示します。ボタン一個かけなくても帽子をきちんと被らずに斜《はす》に被ったりすると、上級生が直ちに止めさせ、規則違反だと言って、ビンタを食らわせるのは、最小の懲罰です。彼らの下級生に対する躾《しつけ》は自分たちには実に良い模範になります。もしそうではなく何か事があれば、自分たちで躾ていましたね。上級生に会えば、必ず敬礼をします。そうしないと、殴られます。午前中は一般教養科目、午後からは軍事学、行進、体練の授業が入ります。これらの訓練は野外演習か、運動場で行なわれ、夏には暑い太陽に照らされ、冬は薄い服を着てします。熱さで炙《あぶ》られ、寒さに凍え体が固くなります。夕食後は点呼を受け、行進し、日本とモンゴルの軍歌を歌います。これら全てが終わって、やっとベットに入れます。寝る時にはまっすぐ上を向き体を伸ばして寝ます。この全てを当直の教官と宿直が点検します。軍学校に入るのを望まない子供や軍隊に入るのを嫌がる若者はいなかったと思います。これは男子として生まれた本命でしょう。颯爽《さっそう》とした軍人を見て『こうなりたい』と思わない子供や若者はいなかったでしょう。一般にこうだったのです。私もこの学校に入れてどんなに喜び嬉しかったことか。しかし、慣れて来ると、そんなに素晴らしくはなかったのですが…」

（注１）サインバヤル［包悦卿］はジルム盟出身、内蒙古人民革命党常務執行委員、蒙政会財務委員会委員長、蒙古軍総司令部財政処長を経て、蒙彊銀行総裁。
（注２）バブージャブは内モンゴル東部の東トゥメド旗出身も満蒙独立運動の指導者

「最初は家がとても恋しかったです。夜は夢を見て、寝小便をする。朝、起きられず、殴られる。しかし、男子として成長し大人になるお手本どおりに、我が身を鍛え、勇ましい軍人になる道に入ったのです。

日曜日が待ち遠しくなります。この日は朝の点呼が終わると、当直の教官が休暇を告げます。ある者は同郷同士で、ある者は仲間同士で、学校近くの山峡に出かけ、寝足りない者は、一日中、寝ていて、タバコ好きは隠していたタバコを持ち出して、飽きるほど吸う。元気で余力のある者は井戸端に行って、体や服を洗う。それぞれに漫然と過ごす。構内から出ることがあれば、当直の教官に名前を登録してもらい、礼服を着て九時に掲揚場に行って並び、服装を点検してもらって教官から注意書きを受け取り、帰営時刻を申告します。一般には朝の九時から夕方の五時まで自由を与えられます。指定の時間に間に合わないと、規定どおりに二度としないように懲罰を受けます。出かけて気晴らしをする所は学校から五キロほど離れたウンドルという僧院です。そこでラマたちの調理用具を借りて、自分で作った料理を好きなように食べます。特に自分たちだけで食べるのは大勢で食べるよりも美味しいものです。冬が近づくと駱駝《ラクダ》の毛を買って来て、手袋や靴下を作って履きます。とても上手に編む子もいました。彼らはシャツも編みます。町に家がある者は戻る時に、二本のアルヒ瓶にバターやらアーロールやらヨーグルトやらを入れて持ち帰ることを考えます。そんな目的で僧院に出かけます。二学年上のある生徒が必ず先頭に立ち、列を作って歩きます。途中、出会った生徒たちには敬礼をしてやり過ごし、もし教官とか将校に出くわしたら、号令一下、最敬礼をします。自由時間だからと言って規則を守らないで出歩くのは禁止です。規則、規律を遵守して整った身だしなみで歩くことが要求されました」

「我が学校の歴史については誰も私に話してくれなかったけれども、人の話や自分が観察して集め、かなり確証のあることを列挙しましょう。徳王様は一九三七年に自分の王府の傍に蒙古軍総司令部を設立して、兵隊を集め、軍事力を確立し始めました。二つの兵営を建て、そのうちの一つが我が学校の建物になったようです。と言うのは、地元の人たちは我が学校の建物を『西の兵営』と呼んでいたからです。その後、より進んだ軍事専門の将校を養成するための最初の軍官学校を創立する要請が出て、何らかの学校を出て、読み書きの出来る、有能な若者を募集したのです。こんな状況をからかって、『青い旗』という歌を歌うことができたら採用したと言われています。この歌の節回しは北モンゴルの『赤旗』という歌のメロディに大体、似ています。これらの学生の一部を満洲国の興安軍官学校に派遣していました。その後、この学校の敷地に我が幼年学校を設立し、一九四〇年に最初の募集をしました。私たちは一九四四年の五期生だったのでしょう。

この学校は日本の陸軍と海軍の幼年学校をモデルにして創設されました。またロシアのナヒモフ・ソバロフ名称の学校のように少年を募集して、将来の軍事専門の将校を要請する目的で創設されたのです。六年制課程でした。最初の三年間は地方で、残りの三年間はフフホトに派遣されます。応募年齢の違いはかなり幅がありました。小学校を卒業した私たちの他に、一八歳以上の叔父さん青年、兵役中に入学した兄や父親のような生徒もいました。校長のセデーダルマーは五〇を過ぎた長身の、少し変わった人でした。どんな学校を出たのかわかりませんが、中校［中佐］の徽章を着けていました。私たちには道徳の授業をし、それも月に一、二度でした。話はとても興味深いものでした。彼の授業を受けるのを待ち切れずにいました。面白いのは、彼は若い頃、ボグド・ハーンのモンゴル国の軍隊に入って中国の軍閥軍と戦い、さらに、一九一三年、内モンゴルを解放する戦争に参加したからでした。初めフレー［クーロン］から軍閥軍を追って、どこで、いかに戦ったかについて話す時には、黒板に図示して、山、川、丘や峠の名前や部隊の配備、砦、戦術などが興味深く、窮地に陥った時の人間の知恵を教えてくれました。軍閥軍を『黄色の兵隊』［黄色は去勢牛も意味する］と呼び、彼らの兵器、輜重《しちょう》、武力を、的確な軍事用語を使って私たちも参戦したように説明してくれました。私たちがモンゴル人として生まれたことに対して誇りが湧くようにしてくれましたね。

学校の教務部長は、背の低くて黄色い顔のサンドーレンという名前だったように思います。日本の士官学校卒業で、上半身裸で教練をしていた時、胸に弾痕があるのに気付きました。この弾痕は戦争で受けたのではなくて、士官学校在学中に同級生から過失を問われ、無実を証明するために自殺しようとした時の傷跡だそうです。この誠実な先生を生徒たちはとても尊敬していました。一九四四年になると、更迭され、テキパキして颯爽《さっそう》とした長身の中校に代わりました。その先生は着任早々、学校の物品在庫調査し、飲食した物を明るみにし、生徒の生活条件を改良するために奔走しました。この先生の名前はムングンサンと言ったように思います。日本の士官学校を卒業し、実直誠実で有名で、多くの者に好かれた先生でした。ラマ教を嫌っていた一人でした。

軍事学の教官たちはと言えば、エルデネトグトホ、それにサンジャージャブ、ボヤンヒシグ、ハス、ドーレグチ、トムルなどは満洲国の興安軍官学校を卒業した教官で、他にウルジーナラン、ニァム・オソルなどは一般教科を教えていました。

日本人の教官たちは、と言えば、稲永豊馬、佐藤、小森、堀口、などの教官がいて、稲永教官は日本の陸軍将校で、在校している時よりもしていない時が多く、他の三人は日本語と軍事学を教えていました。日本人教官は生徒たちを乱暴に扱ったり殴ったりするようなことはなく、生徒たちと争うこともなく、『あなた方はモンゴルの未来の星であり開花する花である。だから、よく勉強しなければならない』と教えていました。しかし、覚えが悪かったり、勉強をしないと、適性試験を容赦なく課しました。

私たち生徒は二人一組で教官たちの家で当番をしていました。私は日本人の教官の家で当番をする方を希望しました。主にモンゴル人の教官は家族持ちで、日本人の教官は主に独身で、当番の主な仕事は部屋の掃除、水運び、茶を沸かす火を焚くことなどでした。しかし、当番で調理した食事もいただけるし、お菓子などももらって食べます。一週間の当番にはかなり暇がありました」

「一九四四年が過ぎると、日本の遂行する太平洋戦争は思わしくなく、状況はますます悪化しているのが分かるようになりました。食料事情は急激に悪化し、油、肉、小麦粉は手に入らず、高粱《コウリャン》を主に食べていました」

「午前は教室で一般科目の授業を受け、午後は運動場で体操、行進をし、竹刀《しない》を握って闘う剣道を習います。一般科目の授業には、モンゴル語、日本語、数学、歴史、地理、道徳などが入ります。学年が上がるにつれて授業内容が変わるのが当然ですが、今、専門の教官の評価をすれば、授業計画、授業編成などの組織化は不十分だったように思われます。モンゴル語と日本語の水準は一定の期間が過ぎると改善されましたが、文法規則と統辞論の点では何の進展もありませんでした。歴史の授業と言えば、主としてモンゴルの歴史を教えていたけれども、それはまとまりのないものでした。先生たちは学識に優れた知識人でしたが、教授法を専門的に習得していた先生はいなかったと言えます。

こんな状況で本当にものが学べるのかと、生徒たちは先生たちにいつも質問しながら、学力を向上させていました。私たち生徒が一般に気にするのは、中国語の学力でした。しかし、私の学校には中国語の授業がない上に、中国語で話すのが禁じられていました。しかし、学校を卒業して仕事に就いたり、さらに学力を向上させようとしても、中国で、中国人の社会で生活するには言葉がわからなければ、どんな知識があっても、先に進めないということが誰にでもわかって来ました。このように中国語を懸命に勉強したいという願望は大きいのです。私たちの学年や上級生には中国語が良くわかる生徒たちがいて、私たちは自由に質問したり教えてもらったりしました」

◎徳王も参加したナーダム

「私の学校があったスニト旗の地は、北モンゴルのドルノゴビ・アイマクと接し、ザミン・ウードの南方の素晴らしい草原です。学校の外れから少し歩くと、田舎の草原に出ます。一九四四年の夏は素晴らしかったです。夏の暑さの中で軍事調練をし、疲れて喉《のど》が渇き、緑の草原の彼方で陽炎が立ち揺れるのに心を魅《ひ》かれ、できることなら、駆けて行きたいほどでした。

ナーダム〔夏の祭典〕が近づき、あちこちに色とりどりの調教師たちの天幕が立ち並び、競馬に出場する子供が『グゥー』と歓呼し、『ウマルザィ　マム　スーハー』〔競馬に出場する子供たちが祭神に捧げる祈り〕でまもなく始まるナーダム気分になって、気もそぞろになります。幼年学校から一〇キロほどの所にあるバヤン・オボーが卓上のように平らな平原でだんだん拡大するようで、豪華絢爛に見えます。ハド・チョローは赤銅色で荘重です。今思うに、鉄鉱石でした。オボー祭りは夏の最中に催されます。祭りの時に、徳王様は旗《き》の他の王公貴族と一緒にやって来て参列参加します。

オボー祭りは三日間続き、「男の三種の競技」［競馬・相撲・弓射］が行なわれます。生徒たちは行進して出かけ、徳王様の歓迎式を行ないます。幼年学校は地元の誇りである偉大な徳王様を、こんなやり方で自慢していたのでしょう。いつもモンゴル服を手離さない徳王様は車に威風堂々と腰を降ろし、両側にモンゴル・デールを着た旗持ちが旗を翻し、完全武装の二〇人を超える兵士がラッパを鳴らして入って来ると、何千もの兵隊が現れたように見え、誇らしく胸が一杯になります。

ナーダムが始まる前にオボーの祭祀があり、ラマたちがお経を読み、祈祷をします。その後で、相撲の取組《とりくみ》が始まり、たくさんの旗から名高い相撲取りが大勢やって来るので、試合は長々と続いてしまいます。競馬もあり、ナーダム最終日には弓射が行なわれます。これには徳王様御自身も参加して、メルゲン［最優秀な射手に与えられる称号］を奪い合ったのは実に立派で、軍事においても比類ない方だろうと言えるほど上手に射たので、一般観衆を大いに喜ばせました。ナーダムの最終日の夕方は私の学校の講堂で、王府の民族管弦楽団も出演する歌謡演奏会が催されます。

徳王様は、オボー祭りやナーダムに参加している間に我が学校の活動を知ることになります。徳王様が学校に来ると、並んで敬礼して迎えます。係の教官の報告が終わると、立ったままですが、徳王は前に歩み出て、生徒たちと雑談して、どこ出身なのかとか、家が恋しくないかとか、学校の食事や授業について質問しました。その後、短い講話をしました。それらの講話の文言は心に残っています。『軍人は人民大衆に対しては羊のように温和であるべきだが、憎き敵に対しては獅子や虎の如くあるべし』と言っていました。

徳王様は自分の旗に女子校を設立した他、モンゴル語を忘れてしまったトゥメド族のような公旗の子供たちを募集して自分の旗の小学校でモンゴル語の読み書きを教える試みをしていました。中国辺疆にある旗を公旗と言い、そこではモンゴル語で話す必要がないほど漢化していたのは残念ながら本当です」

◎ラマ教批判の劇

「その頃、教員と生徒の間で話題になっていた問題の一つは、ラマ教です。この宗教がモンゴルに浸透した多くの理由のうち、モンゴル人だけでなく日本人教師たちも挙げる一つの理由は、大地に祈る以外に信仰のないモンゴル人が苛酷な自然の中で生きるには、その苛酷な自然を智恵の縄紐で縛り括り付けるしかないとラマ教が教えるからだ、と説明していました。宗教を人間の理性を麻痺させる阿片だとする共産主義の見方が、当時、共産主義という言葉さえ聞いたことのない内モンゴル人の間に拡がっていました。

学校では、毎年秋に競技大会を行ないます。体育の様々な競技の他に、芸術のコンクールもあります。私のウルジーナラン先生は宗教を否定する劇の演出に熱心でした。劇の主題は、二人の仲良しの男の子の一人はラマになるために僧院で見習いをし、もう一人はこの学校に入るということです。劇の最後に経典を読んでいた男の子が虚偽欺瞞を自分で見て、僧院から、この学校に逃げて来る所で終わります。

ウルジーナラン先生は高い学識があり、外見内面共に優れて完璧で、実に素晴らしい方でした。後日、内蒙古青年連盟の代表として働いた、とても優雅な男性でしたね」

「当時、内モンゴルは一般的に芸術文化が極端に後れ、専門の歌手、演奏家、舞踊家、劇役者はいませんでした。モンゴル人相手の劇場や劇団を見て来たいというものは、大都市にもありませんでした。こういう状況で地方の一学校が、同時代の実態に気付き、それに合わせた劇を演出したのは、まことに新しい事だったと言うしかありません。これを聞いて興味を持った人たちが大勢集まりました。開演の日、徳王様はウンドル僧院の院長と一緒にやって来て、並んで腰かけました。徳王様は劇の始まる前に脚本を読んでいました。宗教やラマを否定し揶揄《やゆ》するものだと知るや、劇を続けるのを止めさせ、急に立ち上がって、僧院長を連れて、出て行ってしまいました。先生たちは顔を見合わせて恐れたけれども、先生たちが逮捕され罰せられるようなことはまったく起こりませんでした。徳王様は、僧院長の感情を害さず、大勢の彼の信奉者の信頼を傷つけず、地元の庇護者の一人の顔を潰さなかっただけでなく、劇の演出をさほど咎めなかったのでしょう。それにモンゴル人には宗教文化を軽蔑してはいけないとする側面もあります」

◎徳王という人物

「徳王様はタイジの出で、チンギス・ハーン直系の貴族であり、貴族の伝統を捨て去ることができない封建階級の代弁者でした。この一例を、前に述べた彼の秘書長のツォグバドラハ氏の娘のサランツェツェグが子供っぽく話したことが興味深いです。『徳王さんとこの姉さんや兄さんの所に行くと、二人の女中が現れて、若い主人が敷居を跨《また》ぐと出入り口の両側に膝まづいて座り、出てくるまで待っているそうよ』――私たちはこれを聞いて、まだ小学生だったけれども、後れた蒙昧《もうまい》な習慣だと言って嫌ったものです。

我が家もチンギス・ハーンの末裔のタイジで、たくさんの平民家族を抱えていたけれども、かなり進歩的な考えを持ち、古い特権は捨てていたので、私が物が分かる頃にはなくなっていたので、聞いて驚きました。しかし、ツォグバドラハ氏は内外の大学を出て、マルクス主義を研究し開明して見識を拡げた資本主義革命の知識人です。階級、出自、年齢、学識の点で大きく異なるこの二人の優れた男性が、ただモンゴルのためということで心を一つにして目標に向かって邁進《まいしん》したのです。

他方、徳王様はモンゴルの伝統、宗教信仰を尊重する他に、新しい事を積極的に受け入れ、若者を心底から支援し、言葉少なく大業を成す生活の知恵を備えた、非常に聡明な方だったので、社会全般の二重構造の重要性を受け入れることができたのだと思います。

徳王様は中背で、頬骨が張り、がっちりしていて、濃い黒髪を背中に垂らし、力強く歩いていました。徳王についてのエピソードはたくさんあります。徳王が初めて代表団を連れて日本を旅行しました。列車から降りようとしたら、中国国民政府の旗が垂れていました。『我々はモンゴルの代表団だから中国を代表して来たのではない』と言って、降りるのを拒否したそうです。

ある時、徳王様が学校を訪問しました。カラチン族の先生が報告をして、最後に『барав バラブ（終わりました）』と言うと、徳王様は『何と不吉な言葉だ。『バラブ』とは『完全に無くなった、死んでしまった』という意味です。代わりに『төгсгөв トゥグスゴブ』とか『гүйцэв グィツェブ』と言ったほうが良い、とすぐに直してあげました。徳王様は卓越した、意志堅固な指導者だっただけでなく、言語にも造詣《ぞうけい》の深い人だったのです」

◎兎狩り

「南の方の学校には夏、冬の二つの休みがあります。しかし、私の学校はただ冬だけ二カ月休みになります。毎日の教室での授業や野外演習にうんざりしたわたしたちを活気づける手段は兎《うさぎ》狩りでした。学校は以前あった河川の三角洲にあって、周囲に較べて高台に位置し、杉菜がたくさん生えた峡谷に囲まれていました。西側の杉菜だらけの谷間を『右の口』、東側の谷間を『左の口』と言いました。私のクラスに他よりも大きな口をしたモンフジャルガルとラシという名前の二人の男の子がいました。ラシに『左の口』、モンフジャルガルに『右の口』と渾名を付けました。時々、からかって、『オォイ、左右の口』と呼ぶと、殴られそうになりました。怒ると、二人の口がますます大きくなって、追い駆けられると怖いよりも、笑い転げてしまいます。

『左の口』は学校から一〇キロの所であり、そこには日本の特務機関があるので、兎狩りは『右の口』か南の谷間でします。教官と生徒合わせて百人余りが、始め大きな輪を作り、木刀を持って、大声を出して走りながら輪を縮めます。思ったとおり、下に逃げるのではなく、上の方に走る兎が多いのです。最後に恐くなって円くなった兎を主に捕まえます。獲物が多ければ、私たちの食事は増えます。獲物が少なければ、教官の取り分になります。教官たちは銃を担いで狐狩りや狼狩りに出かけます」

◎同期生の死

「私たちは地方の苛酷な自然の中でも、戦争による欠乏の酷《ひど》さを経験していても、若い肉体は成長し逞《たくま》しくなっていました。風邪も引かず胃腸も患うことはありません。しかし、後ろの山腹には三人の仲間の遺体が葬られています。一人は肺病で亡くなりました。もう一人も冬休みに友だちの家に泊まっていた時に、肺炎という病気に罹り、医者にも診せられず、すぐに亡くなりました。その遺灰を授業が始まった時、学校に持って来て、その遺灰を入れた小さな箱を後ろの山腹に、戦死者の葬法にして埋葬しました。本来、故郷に送ることになっていても、そうせずに戦死者と同様に兵舎の近くに葬ったのです。私たちは学校が永遠に存在すると思っていたのです」

◎冬休みの準備

「冬休みが近づくにつれて、皆《みんな》は気もそぞろになって、準備を始めます。これと同時に進級試験に備えて懸命に準備します。各自、ビンとカンで灯油ランプを作ります。部屋は寒く、ランプは煤《すす》が一杯で、辛抱忍耐が要りますね。こういうランプをロシア語で「カプチーリニク」と言います。

上級生の制服はとてもお洒落で、自由時間に外出すると、小さな将校さんと言ったところです。立派な革靴を履き、服の仕立ては良く、毛皮の付いた帽子…。しかし、私たちの服は、物資不足の時期に合わせた綿が入った帽子、仕立ての悪い服、木綿で厚くした靴を履くと気落ちします。しかし、そうであれば、立派な手袋をする必要があります。このため、日曜日にラマたちから手に入れて来た駱駝の毛を紡ぎ、各自、手袋を編んで、はめようとします。部屋は一種の紡績工場に変わります。私たちは月毎に給料をもらい、休暇が近づく頃にもらうので、それで買物をします。各自、小さな木製の印鑑を持っています。給料を受け取る時に、サインの代わりに、印鑑を押します。日本やモンゴルの兵舎には兵隊相手の売店があります。それを日本語では酒保と言います。こういう売店はとても安く、私の学校にもあったのですが、戦争になって物資不足のため営業できなくなりました」

◎帰省

「試験が終わるとすぐ、休みになり、近くに家のある生徒は駱駝などの家畜を飼っています。多くは汽車で帰省します。鉄道の駅まで三百キロ近くあるので、そこに行く特別の車が来るのを待つのは、嵐で迷った船乗りが母国の姿が見付かるのを待っているようなものです。朝から晩まで屋根の上にいる雲雀《ひばり》のように一緒に座っています。ある者は馬に乗った人が埃を巻き上げて駆けて来るのを見て、車が来たと他のものに期待させては、がっかりした者になぐられそうになりました。

そんな風に待ちに待っていた車が来て、指定されたトラックに乗り合わせて、家の方に向かって走りながら、『行くのに一日なら、帰るのにも一日かかる』と考えます。父が買ってくれた毛のデールをなくさなければ、もっと暖かく行けたのです。途中、『人が悪いのはカラチン族、肉が悪いのは生殖器』と、あの詐欺師で泥棒のワンを罵りながら行きました。でも、覆いのないトラックの上に体を寄せ合って座って体を暖め合い、家に帰れると思うと心は暖かくなります。日中、三百キロ走って、夜になり、今の集寧市の近くにある、当時の平地泉という駅に着きました。

私たちは市内の大きな商館に分散して宿泊することになりました。これらの商館は否応なく軍人を泊めたり休ませたりする義務がありました。私たちを迎えた隊長は、中国人商館の主人たちに、暖かい部屋だ、旨《うま》い食事だと、とても横柄《おうへい》に命令しました。私は不当で、野蛮無謀だと思いました。道徳の授業でこんな風には教わらず、卒業したら、こんな横暴な将校になるのか、と自問し、熱望が冷めるようでした。

夜、近頃、食べたことのない食べ物を食べて、暖かい寝床で寝ました。翌朝、市内見物をしました。思ったより清潔で、きちんとした建物が並び、市街には映画館もありました。しかし、南方から逃げて来た人たちが数え切れないほどいるのに気付きました。鉄道の接続する、この都市を、日本とモンゴルの兵隊が守備し、露天商、商店の中には日本人の店も見られ、鞄を背負った子供も歩いていたので、日本人学校もあったのでしょう。

私たちは以前に見たこともなく想像したこともないほど大きな乳房をした牝牛が繋がれている家畜小屋に連れて行かれました。これは日本人が家畜の品種改良をするための実験研究をする試験場でした。牧畜試験場という術語を初めて小学校で習った時に、これはどういう意味の言葉だろう、何をする所だろうと、とても驚いたものです。こういう試験場は百霊廟にもなかったと聞いています。おそらくかなりたくさんの場所にあったのでしょう。日本人は我が領土を占領し横暴であっても、また一方で、文化を導入して従わせることにも熱心だったと言って良いと思います。家畜の伝染病対策に取り組む研究もしていたでしょう。日本語で牛や豚などが罹る伝染性の病気を炭疽病と言います。この術語を、当時、かなり多くの内モンゴル牧民が知っていた、とモンゴルのリヒャルト・ゾルゲと言われたウルジー先生から聞きました。

夕食後、ある小ざっぱりしてきれいな、現代風と言える映画館で映画を見ました。夜行で行くというのは、貨物車で行くことでした。夜中、走って、朝に包頭市で下車しました。皆なで風呂に入ってから、各自、家に向かうことになりました。自宅の新しい住所は分かっていたので、探すのは手間取りませんでした。我が家は小さい借家で四人暮らしでした。四人というのは、新しく弟が生まれていたからです。父の体はかなり悪くなり、杖をついて歩いていました。ウズメーは五歳になっていたでしょう。当時、恩給とか年金とかはありませんから、離職する時に多少の金を受け取り、借家暮らしの上に薬代や生活費に不足をきたしていたようです。これは一九四五年の初め頃でしたかね。太平洋戦争の戦線は縮小され、本土が戦火に遭い、敗戦が必至となっても、鉄道沿いの市街地には適当な数の兵隊が駐留し、モンゴル軍と協力して、居留地は平穏を保っていました。しかし、地方各地では強盗、強奪が蔓延《はびこ》り、人々は当然、さんざんな目に遭っていました。

この頃、私の父は職がなく、家族を養ってはいなかったけれども、私たちは飢えに苦しんだことはありません。これは兄弟親族のおかげであり、地元の沃地《よくち》、学問素養、先祖のおかげでした。父の直ぐ下の弟つまり二番目の叔父であるダガンバヤルの果たした役割は計り知れません」

◎我が家の食料事情

「包頭の南面を流れる黄河を渡ると、我が故郷ダルド旗にある先祖代々の領地が迎えてくれます。政情不安のために、旗公署が包頭市に移転した結果、家族も多数、一緒に包頭に移り住んだと前に話しましたね。また、モンゴル軍第五師に勤めていたダガンバヤル叔父が度々中心になって、国民党軍と激戦し、郷土を防衛したので、私たちの用地を借りて生活していた多数の中国人ができるだけ、私たちのところに肉、小麦粉、野菜、乳製品を提供していました。そのおかげでその年の正月、うちの貯蔵庫は小麦粉、肉、野菜で一杯でした」

◎叔父の結婚と父の病死

「このことから、ある出来事を思い出します。母は私に貯蔵庫から肉を取って来るように言いましたが、私は鍵を持って出るのを忘れてしまいました。取りに戻って鍵で開けて入るのが面倒で、蝶番《ちょうつがい》でこじ開けて入り、閉めるのを忘れていました。これを父に見つかってしまいました。それで私を呼び付けました。私は何も考えずに走って行くと、『玄関か戸口から出入りするものだ。どうして、そんな不正をするのだ?』 気の毒に父は、今思うに、杖なしでは立っているのも、辛かったでしょう。一年間軍事訓練を受けて背が伸び逞《たくま》しくなった息子に低頭を命じるのか、と笑ってしまうのを、やっと堪《こら》えて、悔いているような顔をして、低頭しました。しかし、後にそれが愛する父の最後の教えだったと知って、涙を押さえるのがやっとでした。おそらく父は息子に教え諭《さと》していた時、私の体が逞しくなっているのを知って、内心、誇らしく感じていたのではないでしょうか。

この頃、一番下の叔父が例のセンゲー師団長の娘と包頭の有名な大飯店で結婚式を挙げました。そして花嫁の側が婚礼の費用の大部分を負担しました。婚礼はツァガーン・サル［旧正月］とほとんど連続して行なわれ、豪華過ぎるほどに着飾った客が来たのを覚えています。父としては弟をこの年まで躾《しつけ》て、死病に患《かか》った時には全ての財産を惜しまず使い、可能な限り学問教養を身に付けさせ、最後に地元の有力で裕福な一族の娘と所帯を持たせ、まさに『足を鐙《あぶみ》に、手を鞍《くら》の革《かわ》紐《ひも》に』と言うように一人前の男にして、兄の義務を果たしたのです。

婚礼後まもない、ある晩のこと、父の後から入って寝ようとすると、突然、父は体に異状を来たし、起こして座らせようとしても、手をだらりと垂らし、息が途切れて、口が利《き》けなくなりました。そうして母と私を交互に見つめた眼差《まなざ》しから、『これからお前たちの支えにはなれない私を許してくれ。こんな状態でお前たちを見捨ててしまった』と言おうとしているように見えたのを、何年経っても他に理解しようがないほど明瞭に実感したのです。全身を診《み》ると冷たくなっていて、『お父さん、お父さん』と、どんなに叫んでもどうにもなりませんでした。何かよく分からないが大声で呼ぶと、『あん』と言っているようにも思え、私が大声で呼ぶと頭を振ったように思われました。父はやっと三四歳になったばかりで、ずいぶん若かったのです。こうして私という男子、母、二人の妹の四人が残って、この一族の世話を父に代わって引き受けるべき人はいません。運命、政情不安、因縁は一五歳になったばかりの子供である私をまったく別の方向へ放り出したのです。

父は印刷所(注)で休む暇もなく校正の仕事をしたために砒素《ひそ》に中《あた》って職業病になり、良い治療も受けられず、こんなにも早く逝ってしまったことに対して、息子である私は何の手助けにもなれず、何もできなかったことを一生悔やんでいますよ。このようにたった一カ月のうちに我が家では婚礼の祝いと別離の悲哀が交互に訪れて、ブレンバヤルという一家の柱は傾いたのです。

父の遺体が黄河を渡って先祖の傍らに葬ることに決めたので、ある僧院に一時保管しました。母なる黄河が融ける前に二番目の叔父が荷馬車を連れて来て、氷上、父の遺体を運んで行きました。私は遺体が河を渡るまで付いて行き、母に言われたように、父の霊魂を送るために、いつも父の名を呼んでいました。こういう慣習があったのです。これは一九四五年の二月頃のことでした。母は私に『お前のお父さんは私に赦しを乞うていたようです、どうしてでしょう、思い悩んでいるように目を閉じたわ』と言って泣いたので、母と私の気持ちがぴったり一致していたのは、偶然とは思いませんね」

(注) 徳王自治政府は、モンゴル語の書物のために出版社一つと印刷所一つを設立した。徳王の秘書ツォグバドラハが経営を任されていた。この印刷所のツォグバドラハの下で、父君ブレンバヤル氏は

校正係をしていたのである。

「我が家《や》がこのような不幸に遭った時に、花嫁もある程度、この悲しみを分け合ったように思えます。新しい姉を叔母と呼び、家では新しい『ジャージェー［小叔母］』と丁寧に呼びます。新妻は苦労を知らない娘だったので、彼女を気遣っていました。二人は結婚前に一度も会ったことがなく、両親の面識で結婚を取り決めたけれども、互いに愛し合い、生涯、本物の夫婦で、小叔母は六人の子供を産み、我が家系を継承する四人の男子が授かったのです。

二人は私を仲間にして家に置くのが好きで、私もあちこち走り回って仕事を助けて、二人の所にいるのに興味がありました。夜、一緒に芝居を見に出かけました。今のようにラジオやレコードもなく、電気もないに等しかったです。包頭には二軒の劇場がありました。一つの劇場では不定時に映画が上演されます。客が少なければ、取り止めになります。しかし、芝居は定期的にあります。そこは我が家からかなり離れた所にあります。夜の八時に始まった芝居が夜中まで続きます。真っ暗な通りを一緒に家まで帰ったものです」

「ツァガーンサルの後、ジャージェーはお父さんに挨拶するために実家に帰る時、私を連れて行くことになって私は大喜びし、センゲー氏と知り合う幸運に恵まれました。夕方、灯《あか》りが点《つ》いてから出かけて家に入ると、センゲー氏が自分の席に座ったままで私たちを迎えました。挨拶が済むと、夫人がお茶を入れてくれて、ジャージェーとあれこれ話をする序《つい》でに、私の学校の様子に関心を示しました。話の最中にいきなり、一枚の手紙の封筒を出して、その中に書いてある中国語文書を私に読ませました。私は慌《あわ》てず、すぐに分かる所を読み、分からない所は飛ばしました。それから、センゲー氏は何も言わずに、向こうに書類を置きました。その時、背もたれのある大きな椅子でだらしなく居眠りしている漢人に気付きました。あとで訊くと、その人はセンゲー氏の財政顧問でした。商業交易の専門家で独身、いつも主人の傍らにいて、夜もベットに入って寝ることがなく、主人に対して犬のように忠実だったそうです」

「我が家のこういう状況のために、学校に戻る期間が過ぎてしまい、旗公署から援助金を受け取る他に、センゲー氏も援助してくれたのを覚えています。そのお金全部を母に残しました。私の旅費は政府が負担するので、自分はわずかの金を持って、別れ難く胸は憂愁で一杯でしたが、仕方なく学校に戻ることになりました。仕事や職業がなければ、どうやって母や妹たちを養えるのか。

母はツァガーンサルのお菓子と焼餅の残りを包み、穴の開いた衣服を繕い、帰途に携える物全てを整えました。目を涙で一杯にして見送り、私も泣いて、別離の悲しみの他に、私にはある不安感情に襲われて寒気がしました。来年の休みまで随分あるなぁ、と意気消沈しましたが、家族を引き受けなくては、という重い義務に気付いて、元気を出しました」

◎帰校

「包頭市から汽車に乗って、来た時に降りたと同じ駅で降りて、知っている旅館に行くと、私のように遅れた生徒が四、五人いました。我々はみんな期限に遅れたので、行けば罰則を受けることを知っていました。数日、車を待って学校に行くと、我々は隊列の前に出されて叱責《しっせき》を受けて、二週間、営倉に入れられました。営倉入りですよ。それぞれツァガーンサルのご馳走《ちそう》を出して、饗宴しながら過ごしました。

いかにラジオのような情報手段がまだ発達せず新聞のような出版物を手に入れて読むのが稀だと言っても、ヨーロッパではヒットラーのドイツが、太平洋では日本の皇軍が敗北しているのを誰でも知っていたというのは、まさに『悪事千里を走る』と言うべきでしょう。日本の人民大衆はこの頃、ほとんど一年近くも白米を見たことがなく、草や虫を食べていた、と後《のち》に聞きました。

時局がこうで、我々の学校に日本や満州の学校を卒業した軍官たちや一般教科の教官が何人も新しく着任したので、学校が全面的に新しくなったような印象を受けました。オトゴン先生は日本の士官学校を、ボヤンヒシグ先生は興安軍官学校(注)を卒業して隊付き軍官をしていたのを招聘され、サンジャブ先生もまた興安軍官学校を卒業して共に着任したのです。しかし、あとから教官たちの奥さんたちが引っ越して来たのもまた一つのニュースでした。ドゥレグチ先生は北京から妻を呼び寄せ、その当時としてはさすがに教養と開明を誇っていました。先生は良家の出であり、今流行《はやり》の歌を歌っては、皆《みんな》を喜ばせました。そうこうしているうちにサンジャブ先生の奥さんがやって来たと聞いて、どんなニュースのある人かと関心を持っていたら、私と同じクラスで同じ机に並んでいた、私より四つ年上で、私が臭いおならをしたと言って、日本語の先生に教室から追い出してもらった級友のソブダーだったのです。我々二人は出会いを喜び、お腹が空いた時には食事をし、昔話に花を咲かせる間柄になったのは何よりも得難いことでした。サンジャブ先生が留守の時には何度もゆっくりと腰掛けて食事をしましたね」

（注）一九三四年七月一日、満洲軍政部はモンゴル人将校を専門に養成するため、鄭家屯《ていかとん》の仮校舎で興安軍官学校を開校した。この学校は八年制で、軍事教育以外の基礎教育も行なわれ、モンゴル語の授業以外は日本人教官が担当し、校長は常にモンゴル人を置いた。翌年八月一日、興安軍官学校は、本校舎の落成に伴い、王爺廟［ワンギーン・スム］に移転した。王爺廟は一九三六年、鉄道の開設により「興安」と改称、三九年一〇月、興安軍官学校は陸軍興安学校と改称された。

「授業は前年よりも高い水準で行われました。木刀での修錬は止めて、剣道の技を磨くようになり、特別の剣道着を与えられ、それを着て修業した他に、本物の銃を持ち、時々、命中を競う競技を行って、我々の学習意欲を駆り立てました。

教官たちは日本語で均しく優れた上級生たちに日本の武士道と一般軍人の手柄について話し、歌も教えました。これらの歌を夜の点呼の後でも歌いました。またチンギス・ハーンについての歌もよく歌いました。

『百万の兵を動員して
　アジアのあまたの国々を支配しよう』
『青い旗を翻《ひるがえ》し威力を強めよう』
と一緒に歌っていました」

「春になって、大気も緩み、人の心も平穏になった頃のある夜、点呼の後で、ボヤンヒシグ先生は我々を学校の裏側の小高い丘に集めて円陣を組んで座らせました。先生は日本がアメリカに対して始めた戦争が行き詰まっていることや北モンゴルの情勢について感動的に語り、最後に南北二つのモンゴルの統一を祈って『ウラー』と一同で叫びました。これは一種の秘密集会でした。この集会で北モンゴルの女性が飛行機を操縦していると聞いて、本当に大喜びしました。その素晴らしい女性飛行士(注)の長女セレーテリーン・ツェツゲーさんを、後《のち》に教えることになるとは、この時どうして知るでしょうか」

（注）この女性飛行士がどこで養成されたかは不明であるが、この当時、ウランバートルには、飛行士と機関士を養成するための「スフバートル名称飛行学校」があった（坂本是忠『蒙古人民共和国』八五頁）。

「まもなく私たちは二学年になりました。一年生の入学があり、私たちは、私たちが訓導する下級生と一緒になります。また三年生は卒業祝賀会があり、ほとんど続いてバヤン・オボーのナーダム祭りがあります。時間は牛の歩みで進みました。そして三年生は厚和［フフホト］に移って三年間学んで将校、小隊長になれると思うと羨ましい限りです。三年生は学校に思い出を残そうと、それぞれ才能を発揮して、詩を作る者は作って、下級生に残す教訓を考え、筆画、絵画、書といったように、のちのち何年か後に来た時にあるだろう永遠に残る物を残そうとします。こういう作品のテーマには『連帯』あるいは南モンゴル人としての『団結』『モンゴル万歳』という精神がありました。

これらの中から実に優れた作品が生まれ、それを挙げれば、モンゴル語や漢語で書かれた書、モザイク画、筆画 などで驚異と畏敬を感じさせます。これらの貴重品を小学校を卒業した一三、四歳の子供が製作したのではありません。一八歳以上の学生の作品です。

卒業生たちのための学校の全生活を写した写真アルバムを作るために町から写真屋を呼んで、景色の美しい所で写真を撮るために、日本人教官たちは、東アムサルにある特殊任務の日本軍部隊の手で造園した人口の美しいオアシスに連れて行きました。今思うに、このオアシスは一種の自然改造ステーションだったのです。また日本人教官たちの提案で、私たちが列車で戻る時に休息した平地泉から、わざわざ取りに出かけました。卒業祝いの籠《かご》に入れたお菓子や他の飲食物を車で運ぶ間に二つだけポケットに入れてしまったのを憶えています。卒業生が会場でテーブルを並べて会食をした時には、内蒙古軍参謀本部長が参席しました。この出来事は全て一九四五年六月の初めのことです。

我々の学校は内蒙古軍の精鋭を育成するので、このように威勢を誇るのは道理です。かくして祝賀気分で卒業生を送り出すと、学校は閑散としますが、二晩経つと、新入生たちを迎えて、生活はまた活気を帯びて、楽しく続いたのです」

◎卒業生二人が北モンゴルへ

「この頃、学校の上層部で刷新が行なわれ、学年の担当者が変わりました。生徒たちの生活環境を改善し宿舎の修理を始める時に、私たちの希望を聴いた他に、これは全て、学校生活が従来通りに進み、将来ますます発展するように見えていても、残る期間はほんの数カ月であることを誰も想像だにしませんでした。しかし一方で、一部の者は、学校の胎《たい》内で育った生徒たちの現状を敏感に感じとって、南モンゴルの将来のために思い悩み、秘密裡に具体的な行動をとるべく密かに相談し、手段を講じていたのです。このため今年卒業して行った三期生は過ぐる一九四四年の冬休みに密かに会合して、その中からアドイアとバンチドを北モンゴルに赴く代表に任命し、生徒たちが署名した手紙を持たせ、必要経費を仲間たちが拠出して、ウムノゴビ方面の道に詳しい地元民に教えてもらい、二頭の駱駝に乗せられて、国境を越えたのです。

後日談ですが、彼らは国境警備隊（注）に捕まって内務省に送られました。真相を何度話しても、内務省の役人は『スパイ』だと罪人扱いし、『一体、どんな目的で入国したのか？　言え！』と拷問したので、ついに二人は『こんなに拷問されるよりは死のう』と強制された罪を自供したが、死刑にはならずに二五年の刑を言い渡されました。モンゴル人がモンゴル人を理解しないとは何ということでしょう。ただ共産主義のみが唯一の主義で、兄弟のみならず父子をも信じられなくなったのです。この全てを私自身は一九四六年にその二人が無罪になって釈放されてから、彼ら自身から聞きました。彼らが監獄から出てまもなく故郷に戻りました。戻って振り返って、『北モンゴルの方に向いて、小便しない』と言っていました。実に悔やまれる事です。その二人についての秘密を、我が校の生徒は北モンゴルに行くことになった時からほとんどの人が知っていたのです。しかし、途中、捕まってモンゴルに行くことができたかどうかは誰も知りませんでした。かくしてモンゴルに来てから誰彼にその二人のことを尋ねたばかりでなく、内務省の人もその二人について我々から訊き、終にその二人の無罪を認めて、釈放したのです」

（注）国境警備隊は一九三八年に創設され、内務省に属する。装備その他は人民革命軍と同様で、その任務の性質上、意識はむしろ革命軍より高いと言われていた（『蒙古人民共和国』八六頁）。

◎テロリスト集団

「この頃、我々の上の学年にゾリクトという若者を長とする『党』が組織されて活動していました。ゾリクトは、その当時、反動的と噂されていた東部モンゴルのかなり厄介な人たちから成る第八師に勤めていて、私たちの学校に特別任務で入学したという話でした。一体どんな任務で来たのか誰も知りません。一部の者は、自分がゾリクトに忠実であることを示すために小指を傷つけるのを理想としたとは、呆れた行為です。その当時、これを男らしさの証明だと信奉していた一人が私でした。彼の組織した党が一体どんな綱領を持ち、どんな主義の下に人々を結集していたのかを、彼に追随する同志に訊いても、筋道《すじみち》の立ったことは聞けませんでした。今風に言えば、一種のテロリスト集団だったようです」

◎徳王の最後のナーダム

「一九四五年の夏も前年に劣らず素晴らしく、韮《にら》や夏草の匂いで意識が朦朧《もうろう》とします。オボー祭りには前年同様に徳王が騎馬で来て参加し、近年、徳王様が地元のナーダムに参加するのは誰でも知っていることでした。しかし、これが最後の参加になるとは誰が知りましょう。

ナーダムの後に我々生徒たちの興奮はゆっくりと静まり、学校の平穏な日常生活が続いていたその頃、学校の野外演習があるという話が持ち上がりました。学校の型通りの生活に飽き飽きしていた私たちはその野外演習が早く来てくれと望んでいました」

第五話　逃避行

◎日本の敗戦

「時が過ぎ、秋の初めの月［七月］が過ぎてしまったある日［つまり八月のある日］、我々生徒が大変尊敬している日本人教官の稲永先生が裏の小高い丘に登り、号泣しているのを、我々が知って、どんな不幸が起きたのかと心配していました。今思うと、実に恐ろしいことが起こったのです。アメリカが広島と長崎に原爆を落とし、日本の降伏についての知らせを聞いていたのでした。

この事件に続いて、ある日、授業の直後に教室に入って、一緒に同じ机に座っている生徒と一緒にぐらぐらする机を直して夜の復習の準備をしていると、突然、非常呼集のラッパが響き、全員が校庭に整列したので、例の野外演習に今から出かけるのかとみんなで喜んでいました。次にどうするかと待機していると、担任のムングンサン先生が他の先生たちと一緒に出て来て、『今夜、学校から野外演習に出かける』と言って、各自、準備を整え、夕食まで休息を命じました。私たちは大喜びで中に入って、寝た振りをしながら、夕食が待ち切れず、ラッパが響くのを耳を澄まして待っていました。

ラッパが響きました。食堂に入って整列していると、その中の誰かが『北モンゴル兵が入って来るそうだ』と話し出すと、誰もが落ち着かなくなって、周囲が異常に騒々しくなったような気がしました。

上級生の内で以前、軍務に就いていた先輩たちはみんな武装して歩哨に出て、教官室から書類を持ち出して焼いていました。夕食後、生徒たちは教官の荷物や他の荷物を積み込むように割り当てられました。学校の物資は牛車で輸送することになっていたので、学校には全部で二〇以上の二輪荷車があったように思います。私たち四人は稲永先生に割り当てられ、その荷物は二台分になったようです。稲永先生は少しも慌《あわ》て狼狽《うろた》えることなく、以前のように和《なご》やかで私たちに記念として物をくれ、私には革底の付いた立派な靴を充てがいました。そうして夜の一一時に西に向かう長い隊列が出発しました」

◎行軍開始

「ムングンサン先生は騎馬して隊列の前後に入って規制し、隊列の先頭に斥候が出て、荷車それぞれを四人の生徒が守衛し、隊列の最後尾にも斥候が付きました。私は、食料袋、水筒、合羽、寝る時に被る厚めの毛布を背負い、『桜式』という教練用の銃を肩に架け、出陣兵士のような軍装で意気込んで歩き、他の三人の生徒と一緒に割り当ての荷車を警護して歩きました。夜の涼しさの中を兵士のように行進するのは実に気分爽快《そうかい》でしたが、夜明け前になると、背負った荷物が重くて疲れてきました。とうとう行進の最中にうとうととしてしまい、時々、先生たちの声を聞いて目を覚ましたりしました。でも足は歩いていたのです。

今でも憶《おぼ》えていて目に浮かぶのは、堀口先生が用意していた真新しい真っ白いシャツを着て、ますます颯爽《さっそう》として私たちに「このシャツ似合うかね？　派手かい？」とか、いろんなことを話して、生徒たちを元気付けながら、私たちと一緒に歩いていたことです。堀口先生は背が低く、ずんぐりしていて、おしゃれで、いつも粋《いき》でした。

行進するにつれて、足が重くて前に進めなくなり、傍の生徒を見ると、ある者は銃を荷車に載せていました。これを見て、『ふん、将来、隊長になる者たちがこんなにも情けないのか』と恥ずかしなって、歩いていました。これと同時に、この隊列は野外演習に行くのではなくて、北モンゴル軍から逃げる避難民の行列だと分かってきたので、気落ちしてきました。北から来る北モンゴルについて、いろんなことを振り返って考えていました。チンギスの大軍のように鎧《よろい》を着て旗を翻《ひるがえ》しているのが目に浮かんで来ます。でなければ、車で大砲を引っ張り、騎兵が砂塵《さじん》を舞い上げているのか、どんな服を着ているのか、私たちと遭遇したらどうなるのだろう、何を話そうかと、あらゆることを考えていました。総じてモンゴル人なのだから、撃ち合いにはならないだろうと、遭遇した時について無邪気に考えていたのです。皆《みんな》はそれぞれ、このように考えていたのでしょう。理由は、北モンゴル兵は我々の敵ではけっしてなくて、先祖を同じくする兄弟であるということにありました。夜の暗闇の中に空を飛ぶ飛行機の明かりが見えます。北モンゴルの偵察機だろうと言い合いました。こんな風にしてまどろんだり考えたり夢見たりしているうちに、朝になりました。

朝日が昇る頃に隊列はビシレルト僧院に辿《たど》り着いて、大休止になりました。朝の点呼をとってみると、かなりの生徒たちが眠り込んでしまって草原に取り残されたのが分かりました。教官たちはラマから馬を借りて、道を引き返して彼らを起こし、捨てられた銃、帽子、長靴、短靴にいたるまで集めて持ち帰りました。炊飯係たちが僧院から大きな鍋を借りて来て、行軍用の即席の食事を作りました。それを食べてから、生徒たちは少人数ずつラマに預けられました。我々五人はあるラマの小さな住居で休むことになり、軍服を脱いで、規則通りに畳《たた》み、枕にして、ぐっすり寝入ってしまいました…」

【補説】蒙古軍幼年学校事件

一九四五年八月、ソ蒙連合軍が満洲国及び南モンゴルに進攻した。この時の満洲国軍の背叛逃亡についてはよく知られているが、内蒙軍のそれについては、ほとんど知られていない。この事件に言及しているのは、当時、徳化特務機関に勤務していた吉田固也氏の報告だけだろう。「ソ蒙軍の進撃が始まったとき、蒙軍の幼年学校では叛乱が起こった。幼年学校は徳王府の西北にあって、日満蒙の教官十三人が指導に当たっていた。校長は東蒙古出身の人〔中校〕で、日系の主任教官は稲永中尉ほか二、三名、他は蒙系であった。八月九日、ソ連参戦の報に接した学校側は六十粁東南の土木爾台〔トムルタイ〕に徒歩で退避を命じた。その途中、生徒側を代表する数人が教官に対して、『自分たちは今から西スニトに引き返し、ソ蒙軍を迎えます』と申し出て、行軍を促す教官と争いになり、教官全員を射殺して生徒たち二百人は引き返した」（内田勇四郎『内蒙古における独立運動』二六七頁）。

◎ビシレルト僧院での惨劇

「しかし、突然の銃声で目が覚めました。北モンゴル軍が来たと思い、咄嗟《とっさ》に服を着て、僧院の塀の出入り口から飛び出しました。

最初に目に入ったのは、僧院の前の小丘の方に一人の男がズボンを履き白いシャツを着て、裸足のままで一目散に逃走するのが見えました。同級生に訊くと、堀口先生だ、と答えました。後ろから銃を持った者たちが撃っても当たりませんでした。どうして先生をこんな風に撃って逃走させるのか理解できず、恐れ驚いて、打ち込んだ杭のように立ち尽くしていると、先生には当たらず、先生は丘を越えました。後ろから、あの上級生の党代表のゾリクトが馬に乗って追いかけ、見えなくなりました。

しかし、急に物凄く喉が渇いて何かを飲もうと、僧院の塀の中に走り込み、すぐ近くの左側の大きなゲルの入り口が開いていたので入って、銅製の容器を取って飲もうとしました。すると、突然、稲永先生とムングンサン先生が北側の壁にもたれて殺されているのを発見しました。動転し、恐れおののき、気の毒になり、気が抜けて、塀の外に出て見ると、日本人の先生たちの荷物を焼いていました。

生徒たちの一部は焼いている物の中から残部を取ろうとし、一部の生徒はそれを止めさせようとしていました。整列のラッパで全員が整列していると、あのゾリクトが戻って来て、馬から降りたのを見れば、先生を殺《あや》めてきたのは明らかでした。整列した者たちに向かって、『日本人教官を殺し、革命を行使した。北モンゴル軍を歓迎する』という内容の話をし、その間に、党員は他の同志たちやサンジャブ先生を先頭にして列の前に出て、『この革命のために死ぬまで尽くす』と宣言しました。その時、サンジジャブ先生が稲永先生の山羊革の長靴を履いているのを見て、急に憎悪を感じました。日本人教官の所持品を焼く時に、我が『革命家たち』のほとんどの者が自分の分け前を手に入れたのは明白でした。多くの者がゾリクトの勇気を賞賛していても、私としては罪のない日本人やモンゴル人の先生たちを殺めたことに対して憤りを感じていました」

◎トムルテイ市を目指す

「私たちは来た道を引き返すことになりました。三人の日本人教官のうち二人をこのように殺したけれども、佐藤先生は巧《うま》く逃げられたようでしたが、革命家たちは佐藤先生を探して、ラマたちの囲いの中を捜索していました。佐藤先生はまだ遠くに行ってなかったのです。囲いの陰に隠れているのが見つかって、その場で暴徒に殺されたのです。革命家たちはラマに銃を突き付けて、殺された人たちの遺体を片づけさせました。しかし、ムングンサン先生の奥さんはラマから駱駝を借りて、夫の遺体を駱駝に載せ、先生たちの家族と一緒に特別の葬列を組んで、トムルテイ［土木台］市を目指しました」

「私たちの隊列は統率を失い、夜になると、ばらばらになり、教官たちはどこかへ行ってしまい、革命家たちもどこへ行ったのかも知らず、指導者がいなくなりました。陽が昇ると、学校の姿が一五ないし二〇キロのところに見えて来ました。少数の生徒たちが行進し、ばらばらになった仲間を糾合《きゅうごう》し、少数の生徒たちは乗馬で行きました。隊列の先頭に立って馬に乗った革命家の先輩たちは私たちを見捨て、どこへ行ったのか知る手段《てだて》もありません。しかし、私たちを一般教科のニャムオソル先生が指導しました。みんな一緒になって学校の方へ歩いて行くと、前方から三頭の騎馬が走って来て、私たちの方に銃口を開いたのです。その三人が誰かを知った私たちは藪の中から、『先生ー、私たちですよー』と叫んで、手を振ったけれども、撃ち続けて、上級生のホトローという生徒が負傷して倒れました。この時、エルデネバト先生が天から下りて来た仏様のように馬を走らせて来て、その三人を制止しました。

序でにエルデネバト先生について少し話せば、先生はこの西スニト旗出身の人で、徳王様の勧めで満州の軍官学校に派遣されて学んだ学生の一人です。卒業後、戻って隊付き勤務をし、その後、私たちの学校の教官になり、私たちの学年の担任になったのです。故郷から妻を呼び、自宅は西アムサルにありました。この先生は、私たちが初めて学校に来た時に受付けをしてくれました。トゥメドから来た七、八人の生徒たちは全員、「雪［ユン］」という中国語の姓も持っていましたが、全員にモンゴル名を与えたのです。彼らは、その名前をその後に一生、使いました。この生徒のうちの一人はとても小さい顎《あご》をしていて、そのためでしょうか、気の毒に寝る時に顔に手拭いを置いて寝ていました。先生はイフバータル、ヤラフバータル、フレルバータル…と言うように、いつも「バータル［英雄］」の入った名前が好きでした。この小さい顎をした生徒は何バータルだったか憶えていませんが、何と私たちはエルーグイ［顎なし］バータルと言う渾名で呼んでいました。彼は毒ガスマスクを付けても固定できず、マスクを外《はず》して上に持ち上げていたのが想い出されます。

私たちに向かって発砲するのを止めなかった三人の教官は兵站《へいたん》担当のナサンバトとハサー、それに日本人教官の靴を履いていたサンジャブ先生でした。彼らは撃つのは止めたけれども、隊列の前に来て、『さぁ、革命家がいれば、出て来い。鉄軸に当たる卵のように命を取ったら、どうだい？』とわめいて威嚇《いかく》し、銃を出して振り回していました」

◎トムルテイで待機

「東アムサルの谷間を越えて張家口に通じる街道に、天まで砂埃を巻き上げながら、ソビエト赤軍が出現した時は実に壮観でした。これを見て恐くなったと言ったらありません、危険を避けて、隊列は向きを変えて西方に移動しました。

一日中歩いて、夜になってから、学校の家畜を放牧している村に着き、班ごとに羊を一頭ずつ殺し、鍋が手に入った班は煮て、鍋のない班は焼いて食べ、雨が降りそうで落ち着かないまま寝ました。

翌朝、一日中歩いてトムルテイ市に着き、私たちの学校に穀物を供給している商館やその他の家々に分宿しました。こんな風にして我が学校の歴史は終わりを告げ、ソ蒙軍がいつ進攻して来るのか、運命がどこに向かうのかと待機していました。

トムルテイ市は、以前、北京からダー・フレーに通じる駅逓の一つで、後に周囲の土地を耕作し農地にする可能性を見込んで、漢人が移り住み、地元や北部の住民に穀物を供給し、代わりに家畜や狩猟の獲物、茸《きのこ》、薬草、その他の産物の交易取引の集散地になったと思われます。他方、徳王様が自立政策を行なった時から、この地域に文化を浸透させる目的で学校を設立し、部隊を駐留させたので、人口が増えて、トムルテイ市の存在価値大きくなり、食糧の供給地になったのです。この頃、たとえ地元の匪賊、共産ゲリラ、国民党軍の来襲の危険があっても、トムルテイのような戦略基地は徳王様の軍隊が守っていたので、装備の劣った中国軍は何もできなかったのです」

◎事件の真相を知る

「トムルテイに着いて心配もありましたが、お腹は満ち足りて、ぐっすり眠れました。数日間の話題の中心は、なぜ日本人教官を殺害したかについてでした。事情に詳しい生徒たちの話に拠ると、我が校を卒業した最初の三期生は全て、後輩の私たちには模範となり、喜ばしいことでした。しかし、四回目の卒業する三学年の革命派の先輩たちは、恩ある先生たちを殺害した『手柄』で『名を挙げ』たのです。しかし、三年生全員が革命派になったのではありません。隊付き勤務で歳を食った一部の年長の生徒たちが、モンゴルを発展させたい熱い情熱から統一グループを組織し、『党』を名乗り、モンゴルのために何らかの改革を行なうために心血を惜しまず捧げることを誓ったそうです。

一九四五年八月の八日から九日にかけて学校関係者が西方に避難した時、襲撃者は三人の日本人教官を亡き者にしようとしたが、チャンスがないまま、ビシレルト僧院に向かった。途中で、疲れきった年少者たちを休ませ、上級生を歩哨に立たせたのは、まさに痒《かゆ》い所を掻《か》く結果になったのです。

僧院の境内にあった二つの大きなゲルの右手のゲルには先生たちの家族が休み、左手のゲルにはムングンサン先生と三人の日本人の先生が入って、靴や服を脱ぎ、安心しきっていると、ゾリクトを先頭に、銃を持って入って来ました。入るやいなや、先ず稲永先生に銃を向けて殺そうとしたが、並んで休んでいたムングンサン先生が彼らの暴挙に咄嗟《とっさ》に気付いて、『何の道理があってのことか』と言って銃を奪おうとしたが、撃鉄を引かれて銃弾が腋の下に入り、壁に寄りかかったまま絶命してしまいました。かくして二番目の銃声が響き、稲永先生の首を貫いたのです。

この間に佐藤先生と堀口先生は拳銃を取れなかったか、自分の手で育てた若者を殺すことができなかったか、何か理由《わけ》があったのでしょう、銃も持たずに、一人は前方の小山に向かい、もう一人は低い塀を跳び越え、外に出て隠れたのです。堀口先生をゾリクトが追いかけ、峡谷で先生が両手に石を握って、『お前がそんなに度胸のあるモンゴル男子なら、こっちへ来い』と叫んだのに対して、すぐに撃ち殺したのです。

佐藤先生が隠れていた所から出て来ると、境内から追い出して撃ち倒し、脇腹に銃剣を刺し、まったく動けなくなったのに、『革命家』が頭を撃つと、先生は『あぁ…』と言う声を漏らし息を引き取ったそうです。

革命派の先輩たちはこういう騒動を引き起こして主導権を握って私たちを指導し誘導しておきながら、無人の平原に暗闇を利用して私たちを置き去りにし、ラマたちから奪い取った馬や駱駝に乗って、北モンゴル軍を迎え合流するために去ってしまったのが、不思議です。

仮にこの事件を知った日本人が一人でもいたら、私たちに報復し、瀕死に追い込んだでしょう。こういう事態にならなかったのは、理由を知らない私たちの好運だったのです。理由は、日本がたとえ敗れたとは言え、張家口の峠でソビエト赤軍を迎え撃つ準備をしていた日本の第二師団の特別志願兵と少数の地元有志から成る部隊(注)がいたのです。我が校にいた四人の日本人教官のうちの一人である小森先生はこの事件が始まる一カ月前に転出したので、この『玉砕』に遭いませんでした。残った三人は、ソ蒙軍の大部隊が国境を越える音と共に近づいたら、東アムサルに駐留していた特別部隊に合流する可能性があったでしょう。しかし、特別部隊にいた人は自分たちの任務を実行していて、この先生たちの方は、シャンド［商都］の町に駐留している内蒙古第七師の参謀本部に派遣され、前線から遠ざけられて、どうにか安全な状態に置かれ、まったく安心しきっていました。このような残念な悲劇が起こったのを気の毒に思っていたでしょうね。

最後にこれらの革命派に、なぜこういう事件を起こしたのかと問うと、『これらの日本人は我々を鉄道の駅まで連行して日本軍に配属し解散しようとしたからだ』と言うが、その話は情勢を知らず、地理も知らない者の愚かな返答としか言いようがありません。学校から最短距離の駅でも三百キロはあるし、そこに日本軍の部隊がいるかどうかも明らかではなかったのです。しかも私たちを、ムングンサンというモンゴル人教官が引率していたのです。私たちを解散するのなら、東アムサル駐留の日本の特別部隊でも、十分可能です。三百キロ先に行く必要がどうしてあるのか。

生徒たちの隊列には穀物を積んだ荷車もあったし、金庫を積んだ車もあったのです。トムルテイに近づいた時、その車の監督責任者である若い漢人の会計士が見えなくなり、一年生の数人の生徒がその金を奪って逃げるのを見ました。これらの若者は今年の新入生ですが、年齢は問われない年長者でモンゴル語がほとんど話せない若者で、ビシレルト僧院に入った時には、宿泊したラマのゲルにあった仏壇から値打ちのある仏像やお供えの菓子類を盗んだそうだし、金庫から金を奪う時に、会計士をあの世に送ってしまったらしいのです。トムルテイに向かう途中、彼らは盗癖が出て、大量の金品が手に入ったから、豚《とん》ずらしたのでしょう」

（注）一九四五年八月一五日すでに日本が無条件降伏していたにもかかわらず、根本博駐蒙軍司令官の英断により、およそ二五〇〇名から成る独立混成第二旅団［響兵団］が編成され、張家口の北方二七キロにある峠に「丸一陣地」を築いて、迎撃した。おかげで内モンゴル在留邦人四万が無事に引き揚げることができた（稲垣武『昭和二〇年八月二〇日内蒙古邦人四万奇跡の脱出』）。

【補説】満洲国軍の背叛逃亡

大戦直後、満洲国軍のモンゴル人部隊でも背叛逃亡が相次いだ。八月一一日朝、陸軍興安学校（旧興安軍官学校）の本科生徒を主とする第三梯団に同行していた日系軍官全員が殺害された（牧南恭子「五千日の軍隊」一九六頁）。

同日お昼頃、錫尼河［シニヘー］事件が勃発、日系の軍官二九名が犠牲になった。叛乱軍の参謀長は、満蒙独立運動の指導者バボージャブ将軍の三男で日本の陸軍士官学校を卒業したジョンジュルジャプ少将だった。第一〇軍管区全体での日系の軍官・軍属の犠牲者は三八名に及んだ。通遼の第九軍管区でも国軍の叛乱が起き、司令官は、同じくバボージャブ将軍の次男のカンジュルジャプ中将だった（細川呉港「草原のラーゲリ」三六九頁）。

勃利の満洲国軍野砲隊でも叛乱があり、数名の日本人青年将校が営庭で殺害された（山邊愼吾「ウランバートル捕虜収容病院」一八八頁）。

◎商都に移動

「指揮を受けなくなった私たちは、先生たちの管理下でトムルテイの町に数日いた間に、家に帰りたい数人の生徒は家に向かいました。多くの者は、今後どうなるのかを見定めていると、第七師長で『長髭《ながひげ》』のドミルンジャブ将軍に面会することになりました。生徒全員を一列にして迎え入れました。私たちは疲れきって不安でした。ムングンサン先生と日本人の先生たちが何の理由もなく殺害されたことにも同情を示し、第七師の参謀本部のあるシャンド［商都］の町まで特別の保護の下に送ってくれることになりました。後日、生徒たちの隊列はシャンドに向かいました。

二日間の強行軍の末にシャンドの町に近づいた時に、突然、傍の山で銃声がしました。私たちを警護していた兵隊たちは戦闘態勢に入り、緊張していると、山上から兵隊が下りて来て、危険はないと知らせてくれました。彼らは町から私たちを迎えに出た兵隊で、山上から見えた怪しい集団を見て、銃撃したのでした。隊列は再び動き出しました。そもそもこの頃は、武装した匪賊の活動が活発化していたので、私たちを守る予防手段を将軍の命令で講じていたのだと、後《のち》に知りました。シャンドで私たちは兵営に収容されました」

◎商都で待機

「商都はチャハル側にある漢人の農民や商人が移り住んだ土地で、行政上はチャハル盟に属し、県という自立した立場にあり、外側を粘土の城壁で囲んだ市場交易の町と言えます。市場、街路、広場はかなり整い、小学校、女子専門学校があり、第七師本部と兵営は町のほぼ中央に位置して、この町の威容になっていました。この師団の主力は、この頃、南モンゴル西部国境付近を防衛する長征に出動していました。それで北側の防衛には少数の兵隊しか残っていませんでした。

商都に来てからも、私たちはそれほど平穏ではありませんでした。活発化した地元の匪賊から町を守るために、私たちも参加することになり、到着直後、体の大きい生徒たちには実弾が与えられ、私のような年少の生徒は、兵隊の留守家族と一緒に特設の収容施設に入れられました。武装した生徒たちは夜に銃を持って歩哨に出て市中の平安を守り、兵隊は町の城塞、出入り口を監視して、匪賊の来襲を警戒し防衛に当たっていました。到着してから二、三日経った夜明けに、匪賊が町を襲い、市中に入ろうとしましたが、兵士たちの激しい抵抗に遭って、後退、逃走しました。次の夜もまた来襲し、数名殺されて退却したようです。こういう状況なので、ぐっすり寝れる人などおりません」

◎ロシア人兵士たち

「日中、眠気がしました。こんなある日のこと、寝ていると、突然、騒々しくなって、全員、目を覚まし、起き上がれる者は起きて、何が起きたかと思ったら、室内に自動小銃を握ったロシア兵が入って来て、通りに出るように銃を振って合図しました。あたふたと通りに出て整列し、銃を持っている者は銃を地面に置きました。立っている間、今撃たれるのか、このまま死んでしまうのかとあれこれ考えていると、そのロシア兵たちはその銃を一つ一つ点検してから、自分の銃を取って宿舎に戻っていいと言いました。全員ほっとして室内に入りました。それから状況を知ろうと、参謀本部の建物の前に行って見ると、旗の掲揚柱に赤旗が翻《ひるがえ》っているではありませんか。五人のロシア兵が一・五トンの小型トラックに乗って構内に入って来て、南モンゴル兵と協力して町の守備に就きました。匪賊が夜また来襲し、夜が明けるまで交戦しました。しかし、町を占拠できず成果なしと悟ったようで、私たちが町にいる間、二度と来襲しませんでした。

ロシア兵は、日中、町の入口の櫓《やぐら》に常駐し、夜は塀の周囲を巡回していました。数日後、ロシア兵が増えて来て、町も平安になりました。これらの兵士たちは町のいろんな店で上等な食事をしては、特に注目を惹《ひ》き、ロシア語のわかる髭を生やした漢人が通訳していたのを憶えています。戦時中の厳しい時代に旨《うま》い食事が食べられない、その兵士たちは、突然、美味《おい》しい中国料理をたっぷり食べたために下痢を起こして、便所に駆け込むという醜態を演じました。

ロシア軍の高官が来たらしく、何台かのジープが見え、我が軍の高官たちと会談していたようでした。賑《にぎ》やかになって私たちも新しく来たロシア兵に興味深々で、追《つ》いて回りました。彼らも私たちを嫌がる様子はなく、一人で私たちの宿舎に入って来ては、持っている銃で私たちの関心を引き、懐《ふところ》から写真を出して、『パパ、ママ』だと私たちに見せて、自分の家を想っているのは明らかでした。ロシア兵の規律は良く、いかなる不祥事も起こしたことはありませんでした。しかし、洋風のしゃれた服装をした婦人が子供たちにひどく興味を示して詮索しているとの噂がありました。

ある朝、私たちが井戸から水を汲もうとしていると、一人の体の大きいロシア人が、『あなたたちは私たちを誰だと思っていますか？』ときれいなモンゴル語で訊くではありませんか。私たちは呆気《あっけ》に取られて、『あなたたちは赤軍ですか？』と言いたくても、言えませんでした。赤軍と言うと、当時は『略奪者』と理解していたからです。しかし、別のロシア人が『我々は赤軍ですよ』と、塀の高い所に掲げた赤旗を指さしました。私たちはそこで彼らの性質を見比べて、赤軍は略奪者ではないと理解したのです」

◎北モンゴル軍部隊の到来

「私たちはロシア高官の関心外にあったのではありませんでした。その日、一人のロシア人の大佐が私たちを集めて、『あなたたちは自由になった。今は誰もあなた方を弾圧できなくなった。家に帰ってもいい。遠い家までの乗物、旅費を提供してもいい。家に帰らず仕事をする人たちには仕事を与えます』と、とても丁寧に話してくれたのを、その体の大きいロシア人が通訳してくれました。

私としては「自由」という尊い言葉を初めて聞いて、求めても物足りなかった喜悦《きえつ》を味わうような感じでした。今までは、一体、何だったのか、どう表現したらいいのか分からないが、自由が非常に欠けていたというのは、実に本当のことでした。

しかし、私たちの先祖から、北に目を向け、そこで生水を飲んで暮らす運命だと聞かされ、心に残った宿願は、チンギス・ハーンの故郷を共有する幸運なモンゴル人になることです。私たちはその理想の国の大軍と会う幸運を捨てて、どうして家に帰れるでしょうか。せめて同じ血族の顔を見てみたい。こうして私たち生徒は大佐に返答するのを躊躇《ためら》っていると、二人の生徒が勇気を出して、言いました。『私たちはモンゴル軍を待っています。彼らと会うまでは解散しません』という言葉でした。すると、ロシア人大佐は物分かりの良い人で、『これをモンゴル人高官に伝えましょう』と言いました。

こうして私たちはモンゴル軍がいつ進入して来るのかと毎日まだかまだかと待っていて、あれこれと壮大に想像して語り合っていました。何日こんな風に過ごしたか知りませんが、たぶん八月の二〇日になった頃だと思います。宿舎で横になって、ざわついていると、正午頃に、『北モンゴル軍が来る』という声が聞こえて来て、跳び起きて、一斉に外に出ました。あちこち見渡すと、通りの向こう端に馬に乗った人が見え、近づくにつれてますますはっきり見えて来ました。日焼けした顔で、サーベルを吊《つ》るし銃を肩にかけて、馬を走らせているのを見ると、顔馴染《なじ》みの人のようで、信じられずわくわくして立っていると、私たちの誰かが思わず声を上げましたが、何を叫んだか分かりません。他の者たちも続けて、『私たちはモンゴル人です。お兄さんたち』と口々に叫んで駆け寄ると、兵士たちは警戒して銃に手をやったようですが、『モンゴル』という言葉を聞いて、分かったようです。小隊が立ち止まると、すぐ近くまで行っても、抱きつくことができず、口々に『あなたたちを待ちに待っていたのです。本当に待っていたのです』と言って、涙を流し、何人かが顔を押さえた手の間から涙を零《こぼ》れ落としているのを見た兵士たちは感激して胸を拡げ、手を差し出して歓迎してくれました。生徒たちは兵士たちの持っている武器に触ったり、乗って来た馬や鞍から祝福を受けようと、その馬に乗って得意になっていた一瞬を私自身が思い出す度《たび》に、今でも涙が出るのを抑えることができません。ちょうど二〇人の騎兵でした。その日は市内の女子専門学校の宿舎に宿泊し、翌朝になると、発ち去ってしまいました」

【補説】人民革命軍

坂本是忠『蒙古人民共和国』（一九五五年）には次のような記述がある。「人民革命軍には歩兵がなく、主力は騎兵である。蒙古馬は、（注1）体は小さいが忍耐力に富み草原の戦闘に適する。幼少の頃より馬に乗りなれた蒙古人は生れながらの騎兵である。しかし近代戦の強力な火力の前には、騎兵は漸次存在価値を失いつつあるので、蒙古人は鋼鉄の『馬』や空飛ぶ『馬』ともいうべき機械化部隊や航空部隊をも自分のものとし、漸次それらを強化している。（注2）蒙古人はその生活の特殊性のため、兵士としての重要な特性をもっている。たえず畜群とともに草原を遊牧し、峻烈にして変化しやすい気候から家畜を守って移動する蒙古人は、寒気や暑熱や悪天候に耐え、優秀な視力と鋭敏な聴覚をもっている。これらの特性は、近代戦においても欠くことのできない要素である。蒙古軍の戦闘を目撃した者は、『蒙古兵は戦闘においては疲労を知らない。かれらは行軍中の困苦欠乏、寒気や吹雪に対して文句も言わずに耐える。死に対する無執着、勇敢、殉国の精神、これらは蒙古兵の特徴である』と言う」（八五頁）。

（注1）蒙古馬は一般に小さく、体高一三〇チセン以上の馬は五～一〇％にすぎず、それも西部にいるにすぎない。アラビア馬の体高は一四〇～一五〇チセン、サラブレット種は大体一六〇チセン。

（注2）一九四五年八月一〇日、満洲及び内モンゴルに進攻した人民革命軍は強力な近代的陸軍に生長し、戦車や飛行機すら持っていた。それはソ連極東軍を除いて、アジアで最新の装備を誇る軍隊であった（同書八四頁）。

「しかし、その後、志願兵として普通のモンゴル服を着て、馬に乗り駱駝を連れた、父や兄とも言える年長者たちの部隊が進入して来ました。彼らは最初の部隊と較べると、自由勝手で、駐留後、私たちを従えて、市場で、刻みタバコ〔東生煙〕、キセル、キセルの吸口、嗅《か》ぎタバコ入れ、鞭《むち》などの、モンゴル人が昔から使い慣れている品々を探し求め、買物をする時に通訳として手伝わせ、漢人商人の前で横柄に振舞っていました。戦争のせいで、物品が不足し、彼らが求めた物は、この辺境の小さな町にはどれもありませんでした。

チャハルの広大な平原にある、漢人が溢《あふ》れるほどいる、この町に田舎から出て来たモンゴルの牧民は素朴で、特別に目立っていました。彼らは北モンゴル人が入って来たと聞いて、どうして家でじっとしていられるでしょうか。商都のあちこちで、南北のモンゴル人の牧民の出会いがありました。話の中心はモンゴルでは家畜を飼い、乳製品を食べ、モンゴル・ゲルで暮らしているかどうかを確かめます。モンゴル人であることを知って喜び合うけれども、国境というもので分けられ、兄弟たちが切り離されていることを残念がります。今、北モンゴル軍が来て解放したので、二つのモンゴルは一つになるでしょう。今に我々の太陽が出ると、南モンゴル人は嬉し涙を流し、早く再会できるように祈りながら、北モンゴル人を送り出しました。この志願部隊は日本人と戦闘したかどうかは分かりませんが、行った土地土地で二つのモンゴルが一つになったという心の火を、南モンゴル人の友人の胸に点《とも》したのは事実でしょう」

◎徳王軍、武装解除、北モンゴル行きを希望

「商都にいる間に起こった大きな出来事は、徳王の軍の精鋭部隊が自発的に武装を解除して商都に集合し、挙《こぞ》って北モンゴルに赴く決心を表明したことです。

ソ連の元帥プレーブは自叙伝で徳王の軍隊の抵抗を制圧して進攻したことについて、記述しています。真相は、徳王の軍隊は戦闘し抵抗したのではなく、銃口を北に向けてもいません。プレーブが書いている、その軍隊とは現地の匪賊のことでしょう。

一九四四年の初頭、南モンゴルの西部辺境は平安ではなくなった時、第七師が西部国境の守備に派遣され、そこで中国軍と戦闘しました。四五年八月八日、ソ連とモンゴル人民共和国が日本に宣戦布告し、その結果、日本を降伏させて、南モンゴルの独立が危機に瀕した好機を利用して、中国軍の傅作義《ふさくぎ》将軍は、その師団を自分の側に組み入れるか、さもなければ降伏するかと迫ったけれども、これを受け入れず、全軍がまとまって組織的に商都にあった参謀本部に向かい、途中、南モンゴルの精鋭師団である第八、九師とフフ・ホト［厚和］の守備隊を隊列に編入しました。

中国軍と戦いながら、九月の初頭に騎兵の大部隊が商都に到着した時、私たちは市外で整列して歓迎しました。隊列の到着は二日間ほど続き、兵士たちは、車両、大砲、肩に掛けた銃、サーベルを本部の広い構内に整理整頓して納めて、部隊単位で、宿舎がある者は宿舎に、ない者は天幕を張り市外に露営しました。ふと気付くと、商都は軍馬で満ち、賑やかになっていました。これらの騎兵たちは戦争の足枷《あしかせ》を外《はず》し故郷に目指す権利もあったのですが、一部少数の兵隊の留守家族にはどうしようもない理由があって、一部だけが故郷に帰りました。他の者たちも組織集団から抜けることなく北モンゴルへ行こうと決心を固め、帰属を申し込み、北モンゴル政府から来る決定を日数《ひかず》を数えて待っていたのでした。こういう状況の時に、国民党軍の幹部が車に絹布やアルヒ［モンゴル蒸留酒］や茶を積み込んで四〇人以上の兵隊に守らせ、第七師長のダミランスレンの帰省先の田舎の家に送り込んで、自軍に編入するか、さもなければ実力で降伏させようとしたのは、実に軽率なことでした。そこで師長が密かに使者を急派して、商都の参謀本部に知らせたのは当然の内部事情です。かくしてソ連側はモンゴル人兵士たちに没収した武器を再び持たせ、自ら投降した、その四〇人の中国兵を捕虜にして連れて来ることになりました。思えば、武器も劣悪で、中国軍同士でも地元の匪賊とも戦闘しながら、ロシア兵や日本兵の武器を装備し勇敢なモンゴル兵に抵抗できなかったのは明らかです。

徳王の軍隊は降伏して解放されるのでもなく捕虜になるのでもなく、ただモンゴルの兄弟に合流しようとして武器を納めたことを、ロシア人はよく知っていたので、モンゴル人はモンゴル人を裏切らないと信じて、その武器を返し、肩を並べて戦闘に加わったのです。それが、既述したソ連の元帥プレーフの自叙伝には間違って伝わったにちがいありません」

◎国民党軍の贈賄品

「国民党軍の贈賄品を三つの小屋一杯に収納し、ロシア兵が警備していました。一つの小屋の隅の部屋にアルヒと箱に入った茶が納まっているのに気付いたニャムレンスレンと私は、箱入りの茶を盗もうと話し合い、できることなら、市場で売りさばいて、お金に替えようと約束しました。泥棒作戦は、見張りのロシア兵が左右に移動した隙《すき》に小屋に入り、盗んで来ようというものでした。監視していて、見張りが左に歩き始めたら、後ろから猫のようにそっと入り込んだのです。二人で三袋の茶をつかんでじっとしていて、見張りの兵が元の位置に戻って来て、また左向きに歩き出した時、すぐに跳び出て、茶を小屋の後ろに隠しました。こうして成功したことを喜んだ一方で、もし捕まったら、どうなっていただろうと恐ろしくなりました。離れて見ていると、何も気付かれなかったようですが、翌朝、扉が鉄線で縛ってありました。茶をそれぞれ五〇トゥグルグで売って百五〇トゥグルクになりました。茶が不足していた時なので、私たち二人はこんなに儲《もう》けたのです。

二人で何よりも先に食堂に入り、その金でバンシ［肉饅《にくまん》］を、腹一杯食べようと注文して座っていたら、側のテーブルに二人の年上の兵士が酒を飲んでいました。知り合いになって互いに自己紹介すると、一人はサインラム、もう一人は何とかと言い、二人ともオルドス出身で、話しているうちに親戚のようになりました。その二人の兄さんは商都にいる間、まさに実の兄のように私をよく見守ってくれましたが、北モンゴルに来てからは連絡が切れて会えなくなりました。後に一九五四年、帰省したら、私の家の写真の額縁に、モンゴルの軍服姿の彼の写真が入っていました。今思うと、一九四七、八年頃に、第八師長のウルズーオソルが暫く南モンゴルに兵隊を連れて戻り、中国革命軍側で戦ったことがありましたが、その時にサインラム兄は我が家に立ち寄る機会があって、私がハルハ［北モンゴル］にいるという知らせを伝えたように思われます。

お茶泥棒家業をしたニャムレンツェンと私は戦友でした。我が校の生徒たちは全員二人一組で戦友としていました。彼は誠実で頭の回転が速くて意志堅固な性格でした。北モンゴルに来てから商業学校を卒業して専門家として働いていた時、自動車コースで講習を受けて運転免許も取りました。まもなくモンゴル国立大学の物理数学科に入り、そこから建築学科に移り、建築技師になりました。卒業後、一九五〇年代の末に中国の建築合弁会社に技師として勤めましたが、モンゴル労働者の給料を巡って論争になり、中国人上司は彼を『封建主義の残滓《ざんし》』と蔑視したのに対して、『お前は蒋介石の残党』だと言い返したので、政治問題化しそうになって、建設隊に移りました。そこでも何人かの上司としっくり行かないのを友人たちが知って、国立建築設計研究所に研究員として斡旋《あっせん》しました。するとまもなく、さらに国家建築委員会の委員長に任命され、立派に働きました。しかし、職場環境を巡って、大臣や上司たちと口論になり、免職になりました。それでダルハンのソ連合弁会社で運転手として働き、またロシア人とモンゴル人運転手の差別待遇問題に取り組んで、論議を呼びました。最後にのんびり悠々自適に暮らそうと、首都の第五番目のバス停の辺りに、地所と建物を買って生活し、一九九〇年の民主化の少し前に重い病気に罹って、亡くなりました。私の一人の親友の小伝は以上です」

◎宣伝ポスター

「商都にはソ連・モンゴル軍の他に中共の八路軍の代表団がやって来て、広場や路上に人々を集め、共産主義の宣伝をして国民党軍に対する闘争を呼びかけていました。思い出すと、宣伝員の中にトゥメドやオルドスのオトク旗とウーシン旗のモンゴル青年がいたことが興味を引き、彼らと親しくなってその宿舎に出かけました。彼らは中国共産主義青年同盟員だったのでしょう。彼らから初めて、『連帯』『平等』『社会主義』のような、以前はまったく聞いたこともない言葉を聞き解説されて、目の前と心の中に新しい世界が開かれたようでした。

こういう社会を中国に建設するために、それらの若者たちは人民大衆を教化して立ち上がらせ、こういう社会をソ連にもモンゴル人民共和国にも建設することについて話しました。もしこの社会主義が勝利すれば、世界の国民は一つの家族の兄弟のようになり、南北モンゴルを統一する問題はなくなり、すぐに解決すると言って、北モンゴルに留学するという私たちの意志を固めさせていました。

この頃、チョイバルサン元帥が西スニト旗にある徳王府を訪問したこと、南モンゴルの青年たちと会見して意見を聴いたこと、北モンゴルに留学する意志を固めるのを待っていると聞いて、北モンゴルに出かけて勉強したいという願望がますます大きくなりました。

現代の偉大なジャーナリストであるバーバルの『モンゴル人の動き』という本にはチョイバルサン元帥は南北モンゴルを統一して、北モンゴルをブムツェンド、（注）南モンゴルを徳王に、それぞれ任せて、自分は全モンゴルを指導する意図があったと書いてあります。チョイバルサンはこの考えをスターリンに提示すると、スターリンには二面性があったので、決定的な返答はしなかったとあります。しかし、ソ連とモンゴル人民共和国が日本の関東軍に宣戦布告する直前、スターリンは南モンゴル軍の力を利用する目的で、チョイバルサンに南北モンゴル統一政策を支持すると伝えました。チョイバルサンはこれを受け取ると、徳王と同盟を結ぶ決心をし南モンゴルに南北モンゴル統一を呼びかけ宣伝するポスターをたくさん発行しました。その時、突然、スターリンが変心して、南モンゴルは中国共産主義運動の後背地なので、北モンゴルと統一する問題は先延ばしにして、徳王という階級の敵を一掃し、人民大衆に共産主義のために闘うよう呼びかけるべきだと勧告したのです。

『兄たち』の提案と勧告に従わなければ、モンゴルにとって危険で、反対の声を抑え、即刻、政治委員会を招集して、宣伝の内容を改めて発行し、南モンゴル人にばら撒《ま》いたのです。その宣伝ポスターが商都に来た時、私たちが理解できず困惑した理由は、そのポスターは『男女（эрэгтэй эмэгтэй）の人民』という言葉で始まっていたことです。これにはモンゴル字でＴとＤが同じ形で出ているので、『эрэгдэй эмэгдэй』と読んでしまって、一体、何なのかまったく理解できなかったのです。私たち南モンゴル人は『эр,эм』と言い、『эрэгтэй,эмэгтэй』では理解できないのです。またそのポスターにはモンゴル語ではない、聞いたことのない、『封建』『帝国主義』『植民地』『前線』などの語がたくさん入っていたからです。そればかりでなく、先生たちや将校たちも幾つかの語の意味がわかりませんでした。私たちの中に一九三〇年頃にデロワ・ホトクトに従って南モンゴルに来て、当地に住みついたジャミンドルジというハルハ族の生徒がいました。知っているかもしれないと呼んで来ましたが、彼も知りませんでした。

　どうであれ、その宣伝ポスターには『二つのモンゴルを統一する時だ。一緒になろう』という内容は読み取れないが、『徳王め』という偉大な王を罵倒《ばとう》する言葉があったのは覚えています。これはどうしようもないことでした。そのポスターをスターリンの命令で書いたのです。それは亀の仔、つまり私生児という意味です。徳王を『徳王め』と罵《ののし》るように説かれていたのです」

（注）Ｇ・ブムツェンド（一八八七―一九五三）は、一九二一年の革命以来のチョイバルサンの戦友で、最初のパルチザン部隊の組織者の一人。

「ソ連とモンゴル人民共和国の大軍が張家口の峠で日本軍を撃破して、日本がアジア大陸で起こした戦乱は収まり、日本の同盟国で中国から独立しようとした徳王の政策は成就せず、政府は解散して、八月一九日、北京に逃亡しました。この紛糾した時期に行政機能を失った南モンゴルの人民大衆、知識人と残された徳王政府関係者は安心できません。シリンゴル盟で結成された『内蒙古青年革命党』は臨時政府を樹立して、即刻、北モンゴルに赴く代表団を任命して統一の希望を提示していました。また、東部モンゴルのフルンボイルには自治区が成立し、興安モンゴル軍の教官や学生たちと前衛的な知識人が合流して『内蒙古人民革命党』が結成されました。この党もまた北モンゴル政府に統一される希望を表明していました。これと並んで、幾人かの旗の王公たちも自分で牧民を連れて国境を越えて入国し、北モンゴルに組み入れられたいという希望を提示していました。

一例を挙げれば、モンゴル人民共和国労働英雄のツェベードルジは、一九四五年、旗内の王公貴族を連れて、代表として北モンゴルに来て、その後、戻らず、当地に残留し、建築財政の専門知識を習得して、長年働き、成功し、蒸気ストーブの生産効率を高める新案や試みを普及させて、国に多大な経費削減をもたらして、労働英雄の称号を授与されました。

このように戦争直後、国境周辺の旗の牧民人民で自発的に母国モンゴルを目指して来た者の内、モンゴル内務省が内偵して、その何人かは日本のスパイとして迫害されたし、お互いに封建領主だとか貧富の差などで差別されて失望して、相当数の人たちが帰って行った歴史もあります。

こういう政治的混乱を利用して北モンゴルに統一合併されたいという運動があちこちで起きていたこの時期に、北モンゴルに最も組織的に自由に入国できたグループは、徳王の精鋭部隊兵士とその後継者として準備されていた我が校の生徒たちでした」

◎西スニトの幼年学校に戻る

「私たちは商都に九月中旬までいて、ある日、突然、北モンゴルが受け入れるという決定が出て、準備が整った兵士や生徒たちはその家族と合流して大きな隊列を作って、北に向かい、旅程の先導をしたのです。兵隊は馬に乗り、生徒たちは徒歩行進をしました。向かう先も目的もすでにはっきりしているので、隊列に後れる者も疲れて弱音を吐く者はほとんどいませんでした。そうは言っても、私たちの生活に欠乏困苦がなかったわけではありません。秋の肌寒さ、薄い服、穴が開いた靴、特に朝の寒さで早く目が覚め、露の降りた草の中を歩くと、足の骨まで凍えました。陽が昇って昼頃になると、やっと足が暖まります。稲永先生がくれた革の長靴のおかげで裸足で歩くことはありませんが、足が冷えきっていたことが今でも頭から離れません。食事をしたりしなかったりして三晩歩いた末に、母校の姿がやっと見えた時には大喜びしました。幼少の頃の明るい日々ははるか昔のことで、戦乱の重苦しい暗い日々に長く過ごして、うんざりしていましたが、やっと心が晴れ晴れとしたのです」

「学校は二カ月ほど空き家《や》になっていました。しかし、設備は概ね整い、ほとんど以前のままで迎えてくれました。私たち生徒は以前の宿舎に入り、他の空いた部屋には将校とその家族、兵隊が入り、学校は束《つか》の間、賑《にぎ》やかに人で一杯になりました。

先ず倉庫から私たちは古着を出してもらいました。上に着る服があっても、下は裸足同然でした。どうにかして自分の足に履けるようにし、一時期、さながら縫物工場と化した宿舎は、今度は靴修理工場になったように見えました。

私たちが到着する少し前に例の過激な革命家たちがここに寝泊《ねと》まりしていて、先に北モンゴルに出発していたことを、後《あと》で知りました。彼らはビシレルト僧院から馬と駱駝に乗って出て、私たちより先行する途中で、まずロシア人部隊と、次にモンゴル人部隊と遭遇し、自分たちが日本人に対する反乱を組織し戦ったのだと説明して、彼らから大きな信頼を得、『特権を与えられ』歓迎されました。彼らの旗の下に私たちも日本の侵略者たちと戦ったことになり、その決起を聞いた人たちの賞賛を受けたようです。

私たちには、故地に残りたい者は残り、行きたい者は行くという自由が与えられていました。私たちを北モンゴルの兵隊と将校が世話し保護してくれたので、単なる監視人ではなく、モンゴル人民共和国政府の全権代表団を、私たちの擁護者と見て、彼らを誇りに思い、尊敬していました。それで私たち生徒の意志に反して武装し襲撃し危害を加えようとし、負傷させ、今、私たちの中にいて無罪であるような顔をしている教官たちに、内心、憎しみを感じ、罪のない人たちを虐殺したので、彼らを罰するべきだと考えて、担当のモンゴル将校に密かに話すと、彼らはこれに関心を示して、関係者を逮捕しようとしました。上級生の一人を銃撃して負傷させたハサー先生は家族を連れて、夜遅く、逃亡しました」

◎北モンゴルに出立

「隊列の出発を待っている間、当地の名勝になったウンドル僧院とバンチンボグド記念僧院に出かけて見ると、すでにロシア兵が足を踏み入れていて、完全に破壊されているのを見て、ロシア人に対する好感が消えてしまいそうになりました。ロシア兵がそれをしたという証拠はありませんが、この地に地元の匪賊集団がいるという情報もない平穏な土地であるし、最初にロシア兵が入って来たことを、私たちはよく知っていました。

何事にも期限があるので、私たちの北モンゴル行きの期限も来ました。九月末のある日、二、三台の車がわざわざ私たちを迎えに来て、全員を収容しました。まもなく憧《あこが》れの国に向かって、広々とした平原を疾駆《しっく》するうちに、愛する母の懐かしい顔が目に浮かび、『息子はあなたの語る北のハルハで学問するために行きます。次の春休みには、若草やモンゴルの地の風と土埃《つちぼこり》の匂いを嗅ぎながら、お母さんに挨拶に来ます』と思いながら行きました。モンゴル国境の全てのオボーを一瞥《いちべつ》しようと、心が逸《はや》って疾走する車の上に我慢できずに立って、前方を凝視していました」

第六話　憧《あこが》れの国に至る――モンゴル人民共和国

◎聖域の敷居を跨《また》ぐ

「国境が近づくにつれて胸は高鳴り、国境のオボーとか国境線は、一体、何になるのかを確かめようとしている内に、ふと気付くと国境を通過してしまったようでした。平原を走っていて二棟の建物が見えて来た時、二人の男が道路にまん丸い物を配置しているのが見えました。近づくと二人の将校でした。二人は私たちに車から降りるように命令して、前もって用意してあった折畳《おりたたみ》式天幕、鍋《なべ》と杓子《しゃくし》、ストーブと煙突を渡し、どこから水を汲むか、薪《たきぎ》をどうやって準備するかを指図して、発ち去りました。その二人はザミン・ウードの国境警備隊の哨兵長でした。

以前に南モンゴル人が大フレー［首都］に行く時には『布製の天幕を据《す》えて、大フレーに入る』と言っていた慣用表現を思い出して、フレーに入るために布製の天幕を据えるとは、これだな、と言い合い、うれしくなり、私たちは賑やかに天幕を建てました。宿営地の西方の家々の外れに国境警備隊の哨所が見えます。東方のさほど遠くない所に一軒の赤い建物があったようです。その建物は屠殺場だと、後《のち》に食肉が配給された時、知りました。

そうこうしていると、一人の兵士が馬に振り分けて積んだ袋を天幕に運び入れて、『今夜のノルマだ』と言って、発ち去りました。『ノルマ』とは何なのか分からないので、一体、何を持って来たのだろうか、と覗《のぞ》くと、中に酸っぱい臭いの、平たい大きな物が入っていたので、全員に分配しました。食べ物に入れる醤油《しょうゆ》だろうか、と言い合っていると、ニャムオソル先生が、『醤油ではない、発酵させたパンではないか』と言いました。それは黒パンで、一口食べて見ると、それほど美味《おい》しくはありませんでしたが、後日、奪い合うほどになりました。

今思うと、私たちは遠足にでも来ているようでした。翌日、一人の将校が来て、私たちを登録し、食事の規定量［ノルマ］を定め、軍規があると警告しました。私たちの誰にも身体検査の証明書などありません。北モンゴルに来て初めて検査を受けたのです。

その当時、ザミン・ウードは北側に黒々とした高い山が聳《そび》え立ち、よく湧き出る大きな井戸のある土地でした。夜も昼も道に列を成し、ソビエト赤軍はこの大きな井戸から水の需要を満たしているようでした。前方では幾つかの協同組合の班が羊などの家畜を追っています。私たち生徒の一日の仕事は牛糞などの燃料を集め、交代で水汲みに行き、屠殺場から食肉や規定の食料を取って来ることだけでした。牛糞を集めに出かけると、大小の穴蔵式住居［平地下式住居］をたくさん見かけます。中に入って、弾包、割れた椀《わん》や皿、本や新聞をたくさん見つけました。全てロシア兵が使った物で、モンゴル国境をロシア兵も守備していたのは明らかです。

幾晩か経つと、商都から一緒に出た南モンゴル人部隊も入境して来ました。到着次第、命令で集められた鞍《くら》や馬勒《ばろく》は小山のようになりました。徳王様の模範的な兵士たちが、その偉業の半ばで武装解除されたのはまったく残念です。故地の外に永久に留まり、外国の強国の支配下で暮らす運命が後々まで続くとは想像もしてなかったでしょう。実に哀れです。兵士たちは馬を没収されてから、それぞれ天幕を建てて、火を起しました。こうしてザミン・ウードの守備隊の周辺には、動乱の南モンゴルから来た兵隊たちのラーゲリができました」

◎病死する仲間と南モンゴル軍兵士

「私たちは素晴らしいモンゴル国の門を開けて入国すると、政府は『皆さん、どうぞ、どうぞ』と言って上座に招くようでした。首都ウランバートルに連れて行くために、まもなく乗物を寄越すという連絡を耳にしました。それで何百人もの南モンゴルの少年たちの目は、朝から晩まで北方を見つめるようになりました。どんなに胸が踊っても、生活は生活で、秋の夜の風に震えるようになり、土埃にまみれ、髪や髭《ひげ》も薄くなる事態になったのです。故郷や血族のことも思い出します。最も意気消沈したのは、病気が流行《はや》ったことです。

四〇人を超える兵士たちが病気になり、ある廃墟の大きなゲルに横たわり、ロシア人医師がモンゴル人看護兵と一緒に懸命に看護し、一部の兵士たちも手伝っていました。絶えず治療したけれども、その全てを救うことはできずに、幾人かの兵士が亡くなりました。私たち年少者の中にも何人かが発熱し寝込むようになりました。解熱剤を飲んで汗をかいた生徒を、私の先生は汗が収まるまで抱いていました。先生は私たちの支えになり実の力になってくれました。二人の生徒は医師と先生がどんなに頑張っても救うことができませんでした。私たちが枕元で取り囲んで名前を呼んでいるうちに息を引き取りました。しかし、一人はビシレルト僧院で起きた悲しい出来事の際に、息を引き取った日本人の先生の腕時計を奪い取った生徒でした。その生徒の腕にある時計を見て、後《のち》に仲間同士で、『この時計と一緒に閻魔《えんま》大王の前に出て、日本人の先生と顔を合わせるのだろうか?』と、恐くて、ひそひそ話をしたのが思い出されます。私たちは二人を布に包み、二輪牛車に載せて、その頃、新しく造られた墓地に埋葬しました。さらにまた数人の兵士と生徒が後を追いました。だんだん寒くなると、心地《ここち》良さも意気もなくなります。解熱剤を飲まされた生徒たちを交代で抱いて、一晩中、休めませんでした。

事態がこのように悪化しても、「帰ろう」と言う者は一人も出ず、兵隊や生徒たちの、我がモンゴルに行きたいという意気込みには、先祖代々、物心ついてから骨肉に沁《し》み込んだ、モンゴルのために闘うという信念にあったということを今でも疑いません。国境付近で私たちを見張っていた人がいたかどうか私は知りません。私たちが無事に家から遠くに出かけて帰る途中、兄弟が遠くから迎えに来て、帰りの乗物を待っている間に病気になり、兄弟たちを心配させるのと同じでした。銃を持って怒鳴り見張る人などいません。北モンゴルの兵も将校も、ロシア人やモンゴル人医師も全員、私たちのためにいたのです」

◎長蛇のトラック

「時節は一〇月末になり、寒さが厳しくなり始めた、ある朝、北方から車の長い列が近づくのを見つけて、私たちを迎えに来たと思い込み、ほとんどが『家に戻って楽しめる』と大喜びして、言葉が出ません。私たちの苦しみが終わって、目的も適《かな》ったようだと言っても、十分ではありません。誰でも何台の車が来たのか数えます。五〇台以上の車でした。一台に平均して二〇人乗れば、千人近くになります。後《のち》に増加されて何台の車が来たのか知りません。車は私たちが身に着ける衣類である、綿入りのズボン、シャツ、フェルトの靴、兵隊用の毛皮の外套、毛の帽子などを積んで着ました。一部は古着でしたが、十分清潔でした。きっと『子供が凍えてしまう』と父母たちが贈ってくれたのでしょう。

翌朝、暖かい服をもらって着た私たちは何かとても大きな掩蔽物《えんぺい》にでも入ったように心身共に暖まり、大喜びで、力強い車が低い音を響かせて、憧《あこが》れの国の中心へと進んで行きました」

◎初めて見たハンガイ

「一日中、走って、夜中に車は止まり、寝て休むことになりました。それぞれ自分の好きなように恒久の天空にある無数の天体を見つめ、どこを見ようと、どう横になろうと勝手に、一晩、愉快に過ごしました。朝早く目を覚ますと、周りに湖水が見える岩山の中に来ていました。今思うに、そこはジャンジン・チョイルでした。薪や牛糞、羊糞を集めて来て、盥《たらい》を容器にしていると、パン配送車が来て、四角いパンをくれました。そういうパンらしい白いパンをその歳まで見たことがありませんでした。また、未成年者に握り拳《こぶし》大の角砂糖を配ったのはとても珍しいことだと言えます。

さらに走るにつれて、いっそう寒くなり、車の上で暖かくなるために、できるだけくっついて座りました。車が、時々、停車した時には降りました。用便をしながら、周囲をよく見ると、山が多くなり、初雪が降ったようでした。

夜になって目的地に到着し、下車しました。前もって用意した天幕に分散して入れられました。天幕の中には敷物がないので、毛皮の外套を下に敷き、どこに着いたのかも知らずに寝ました。朝、目を覚まして見ると、周囲は草木で囲まれた美しいハンガイ［森林の多い高地で水に恵まれた肥沃な土地］でした。ここはトルフラフの入口でした。どんなに寒くても私たちは自然の美しさに驚嘆しながら、小枝を集め、天幕の中で火を焚いて暖を取りました。序《つい》でに言うと、大興安嶺を除けば、南モンゴルは一般に森林がなく禿《は》げ山の多い土地と言えます。それでトルフラフの入口に来て、森林に覆われた肥沃なハンガイを初めて見た私たちは嬉しくなったのです。

ここからウランバートルに少人数ずつ輸送されました。順番で二晩か三晩、待ちました。天幕の中で火を焚き、毛皮の外套を下に敷いて、くっついて寝たので少しも寒くありませんでした。私たちの順番になって、車に乗って行く間に、鉄道の踏切を横断しました。狭軌の線路が延びているので、『これで玩具《おもちゃ》の汽車でも走っているのだろうか？』と話していました。中国の鉄道はたくさん支線があり幅も広かったので、こんな感想が出たのでしょう」

◎ウランバートル入都

「ウランバートルに入って見ると、思ったより小さな町で建物は木製の塀で囲まれ、街路と街路の間はとても離れていて間隔があって、ばらばらに見えました。中国の町のように汚くも大きくもなく、数えると数軒の建物のうちで最も大きいのは一〇年制の第一中学校の四階の白い建物でした」

◎隔離禁足の日々

「ウランバートルに到着すると、私たちは広い塀の中で降ろされ、少人数ずつ一棟の建物の中に入れられ、所持品を没収され、服を脱がされ、一つの押入《おしいれ》に納められて、自分たちは熱いお風呂に入りました。蒸気がたくさん出ていました。出て来るとすぐに一人一人、色柄のズボン下とシャツが与えられた。別の部屋に入ると、別の壁の押入に入っている物は熱い蒸気で蒸して消毒され、虱《しらみ》やその卵は駆除されていました。それから私たちが住む二段ベット付きの宿舎に収容されました。こうして私たちは全員、消毒後に隔離されたのです。この宿舎は、現在、モンゴル相撲宮殿がある所で、その当時、『バト・ツァガーン』と言われる中央監獄でした。その後、性病病院になり、近年、その代わりに相撲宮殿が建てられたのです。

私たちは一カ月ほど隔離状態にありました。宿舎は暖かく、食べ物はさほど良くありませんが満腹していました。生活状況は改善されましたが、病気がまた蔓延《まんえん》しました。近くに監獄病院がありました。そこに患者を収容して治療していましたが、一日に二、三人亡くなりました。次々に高熱になって発病し、一部は重体で、私たちの班の二人の生徒は病院での治療も受けられずに亡くなりました。亡くなった人はほとんど裸にされ、車に積まれ、運ばれて、埋葬されました。思うに、一般的には穴を掘って埋められたのでしょう。我が校から何人の生徒が、誰の子弟の誰が亡くなったかは誰も記録していません。後に誰なのか調査されていません。きっと父母や血族は追憶しているでしょうが。この状況はここにいた南モンゴル人の心にさほど深刻な影響を与えていません。しかし、彼らがモンゴルに来ても水を飲める運命でなかったのは、残念だったでしょう。私は仏様のおかげで病気にもならず、モンゴルで生きられた幸運な者の一人として、今日に至っています。

隔離期間にこういう残念な事態になっても、元気づけられることはありました。ここに内務省の緑の帽子を被った軍官たちが来て、講演をしていました。何を罵《ののし》り糾弾しているのが解からないほど大声でがなり立てるので、どんなに注意して聴いても理解できないほどでした。しかし、『モンゴル国』『スフバートル』という二つの映画を見せられて、感情や考え方に大きく影響したようです。『モンゴル国』という映画を見て、誰でも『モンゴルは、国らしい国に発展した』と誇りに思いました。『スフバートル』の中で、モンゴル軍が国民党軍を放逐し戦っている場面を見て、北モンゴルに来るまで国民党軍と戦った南モンゴル兵士たちは、まるで自分たちを見ているような印象を受けたでしょう。

私たち個人の経歴を繰り返し何度も尋ねて記録する他に、どんな学校に入って勉強し、どんな信仰を持ち、どんな仕事をしたいかを尋ねられました。大部分は軍の学校に入りたいと思っていました。これには理由《わけ》があります。軍人になってモンゴルために武器を取って戦うべき人間になると、そもそも将来を想定していたからです。成人に達した何人かは、軍の中央普通学校に入れられました。しかし、スフバートル将軍名称軍官学校は私たちを受け入れる可能性はありませんでした。

隔離されているので、監視が厳しく、誰も外出できず、高い塀の隙間《すきま》から外部を覗《のぞ》き見し、そこだけの生活から（街の暮らしを）想像していました。しかし、ある日、街路に旗を握った人がたくさん集まって、音楽を流し、ロシア兵とモンゴル兵の部隊が行進し、とても賑やかになったので、何か大きな祝賀会なのだろうと思っていました。実は一〇月革命記念日でした。

また、ある日、張家口で私の先生だったツォグゲレル氏と知らない南モンゴル人が来て、私たちが来たことを大いに喜んでくれました。ツォグゲレル先生は奥さんのサランツェツェグと一緒に日本で教育を受けて、一九四三年に卒業しました。最初に私が学んだ小学校で奥さんが教え、先生は「興蒙学院」で教えていましたが、その後、シリンゴル盟の中心部、今のシリン市に移って働いていた時に、解放戦争が起こり、戦後、南モンゴルの人たちと一緒に北モンゴルに来たのです。彼らは来てから、内務省から特別待遇を受けて、第二居住区で賓客のような生活をしていましたが、私たちが来たと聞いて、訪ねて来たのでした。彼らは手ぶらで来たのではなく、戦後で物価が高かったにもかかわらず、有り金で丸パンやピーナッツを買って持って来たので、大喜びでした。初めてピーナッツという物を食べたので、後にたくさん買って、お腹一杯食べようと思いました。ツォグゲレル先生は後に国立図書館で管理部長として、さらに中国語の「労働者の道」新聞の特派員として働き、年金生活に入りました。奥さんのサランツェツェグはモンゴル・ラジオ局の中国語のアナウンサーとして働いていました。

禁足されているとは言っても、監獄ではないので、生活に自由はあります。床屋をしていた一人はノルマのパンで料金を取って、床屋をします。時間をつぶす方法はたくさんあります。兵隊はたくさんの南モンゴル紙幣を持って来たので、それで博打《ばくち》をして遊びました。値打ちをなくした、これらの紙幣でも遊び場では、神聖な紙幣になります。国は滅びても銀貨のトゥグルグは普通の紙幣に替えられました。モンゴル人は普通、どこか出かけた土地に楽器がなくても、缶詰の缶から共鳴板を作って、楽器として、物語りをしたり、革の共鳴板の付いた馬頭琴を作って、曲に合わせて銅製のキセルを共鳴板に置き、弾《はじ》いて大きく反響させて演奏して歌います。このように晩になると、何千人も収容したこの大きな宿舎は蜜蜂の巣のように賑《にぎ》やかな演芸場と化すのです。禁足のラーゲリの有志のアーチストたちが塀の中に天幕を設営してコンサートを催したことは私たちの心を大いに動かしました。この演奏会の後に、『理由《わけ》ありの三つの丘』のユンデンの声調を全員が覚え、『アルタイの賛歌』の詩句を暗誦して、二つを合わせて

白い雪を帽子にして
緑の木々を城壁にし
清水が足下を流れる
肥沃なハンガイの地

とユンデンの声調で合唱したりしました。

こういう日々を過ごしているうちに、禁足が解かれる日が近づいていました。夕方に隊ごとに正面の広場に出て行進と体操をし、道行く人たちに近づいて話しをする機会もありました。こういう時間に行進していると、私たちぐらいの一人の少年が興味を感じて近づいて来ました。私たちも歓迎し、取り囲んで、挨拶をして、自分たちはモンゴル人だと理解させて、いろんなことを訊《き》き、感謝を表わしましたが、そういう興奮を、あることが消し去ってしまいました。これは今思うと、滑稽でも悲嘆でもあるようです。会話の中で、その少年は、私たち一人一人を指さして、『君たちは本物のモンゴル人？　君たちは本物のモンゴル人じゃない』と言い出したことです。その普通の少年から、『私はモンゴル人。私はチンギスの子孫』だと言って育った少年たちは即座に心底、衝撃を受けたのです。特に『本物ではない』と言われた少年の心が深く傷ついた理由《わけ》は、同年齢の少年がそう言ったことです。子供は子供の言葉が、より心に響きます。南モンゴル人の顔付き、口元や歯、歩き方のどこが、中国人のようになったと言うのでしょう。それは子供の素直な気持だったかもしれません。しかし、私たちもまた、そのように素直に受け取ったのです。その子は感じたことをよく考えないで言い、私たちはモンゴル人でない、モンゴル人になれないと、どうして、その年齢で判るのでしょうか。

一一月の中頃だったように思います。雪が降り、とても寒かったある日、数人の将校が来て、兵隊と会って、三〇歳以上の者の名前を呼んで整列させ、連れて行きました。二晩経って、その人たちは、兵士は兵士の、将校は将校の、北モンゴルの軍服を着て、戻って来ました。私たちと会って話をしてくれて、私たちを大いに喜ばせました。私たちの願望が実現する具体例を自分の目で見て、自分たちの番が来るのを待ち切れませんでした。数日の内に、徴兵年齢者全員を連れて行きました。徴兵年齢が過ぎた者や学齢期の者は残りました。学齢期の者の目的は明らかに勉強することでした。徳王の兵隊である彼らの目的は何だったのでしょう、可哀想に。兵隊なので北モンゴルに行って武器を取り、南モンゴルを解放し、統一モンゴル国を樹立するために命を捧げようと考えていたでしょう。でなければ、北モンゴルで働いて一生を終えようとも考えていたでしょう。

しかし、同じ事を繰り返し言えば、北モンゴル軍に向かって発砲するのは言うまでもなく、銃口を向けるのも控えて、自主的に武器を没収されて、『モンゴル人は統一の時は今だと見ている』と心底から信じてやって来た彼らは、モンゴル人民軍の隊列に加わり、誓いを立てたから、願望と目的を持って、訪ねて来た、と理解する以外に何があるでしょうか。学齢期の者からも募集した時に、軍官学校に入ろうと、自分の年齢を割り増ししないで残ったアルタンチル、ダンバ、ニャマー、ボヤント、ウルジーダライ、ヒシグドーレン、チョローンら数人の生徒たちを連れて行って、一〇年制第一中学校に入学させました。

残った百人ほどの青少年に新しい毛皮の外套、綿入りのシャツやズボン、フェルトの靴、毛の帽子を配り、内務省の向かい側にある国有地に連れて行き、一日、過ごしました。ここは、当時、国営農場トラストと言われていました。かくして夕方になり、食堂でスープ付きのご馳走を戴きました。

それから、各自、所持品を抱えて車に乗り込みました。一晩、走ると、真っ白い平原のあちこちに数軒の建物が見えて来ました。そこが宿営地でした。広い敷地内にある寒くて真暗な建物に入ると、隔離されていた時に寝ていたような二段の木製のベットがありました。ここはジャルガラント協同組合でした」

第七話　国営農場での日々

【補説】国営農場

国営農場での日々を語ってもらう前に、第二次大戦末期のモンゴルの牧畜形態と、それがどのように社会主義的に集団化されて行ったかを概観しておく必要がある。

一九三〇年以来、農作物の自給自足を目指していた。五九年に農耕のための国営農場を、フブスグル・ドルノド・トゥブ・セレンゲの四アイマクに新設し、六〇年には牧畜生産協同組合［ネグデル］の約八〇％が、協同組合内で農耕を何らかの形で行なうようになり、穀物が自給自足できるようになったのは、一九六〇年代になってからである。

「一九四五年の学期が始まって順調に進み、学校数(注)もすでに達成した当時でも、こんなにもたくさんの青少年を希望の学校に入れることができず、仕事に就かせるために、当時、国営農場を管掌していた国営農場トラストに私たちを充てがったのです。トラストの長は「貴方たちに現代の専門技術を習得させる。そのために国営農場に行って、実地で学ばせる」と言って、ここに連れて来たのでした」

（注）学校数
一九四七年現在、小学校は三二一校、中学校は三九校あった（坂本の前掲書一三五頁）。

◎薪《たきぎ》割り

「ここに来たばかりの頃、国営農場の状況は、禁足収容されていた時よりも悪化していました。地方だったので慣れてなくて困ったけれども、物事は全て物珍しかったです。実際、薪にする木を鋸《のこぎり》で切って割り、大きなペチカに火を点《つ》けるのも、これまで見たこともない珍しいことでした。壁沿いにある大きなペチカに点火するために、体格のいいロシア人女性が、太い丸太を唸《うな》り声をあげる鋸で即座に切り、刃はないが割れない物などない大きな斧《おの》で、すっぱり割るのを私たちは周りに立って見て、驚嘆しました。それから交代でその鋸で木を切り、その鈍い斧で割るのを覚えようとしました。木のない所から来た私たちには、そういう素晴らしい太い木々を灰にしてしまうのは残念なことでした。その代わりにどうして石炭を燃やさないのか不思議でした。あとで思ったのですが、薪はただで必要なだけ使えたのは、ジャルガラントの山から好きなだけ採れたのと関係があったのでしょう。

一人の小さな男の子が小さな橇《そり》に乗って山に出かけ、太い木の枝を橇に積んで引き摺《ず》って行くのを見てびっくりしていると、その後ろから獲《と》った鹿を橇に載せた人が現れました。童話に出て来るような光景でした」

◎トラクター

「それから後《のち》の、ある日、真っ白な雪に覆われました。冬眠中の動物のようにじっとしていると、突然、冬空に大きな音が轟《とどろ》き、だんだん近づいて来たので、みんなで走り出て見ると、大きな音をたてて、四角い灰色の物が道沿いに疾走して来るではありませんか。それは無限軌道式トラクターでした。以前には見たこともない、戦車のような機械について、あれこれ推測して、その使い途《みち》を自分で考えてみて、知っているふりをしていると、ある若者が『土を耕すトラクターと言うんだ』と言ってくれたので、みんな納得しました。しかし、種［タリア тариа］を蒔《ま》くのに使うので『タリアグダル』と覚えました。こういう強力な機械の運転を覚えたくない若者はいるでしょうか。

それから一日後、農牧業機械修理工場を見学しました。私たちとしては、機械を修理する工場と言うより、新しく機械を製造する工場と言うべきでした」

◎ロシア人家庭

「ジャルガラント国営農場には沢山のロシア人や中国人が住んでいたのも、もう一つのニュースでした。最初、漢人からは距離を置いていました。しかし、次第に言葉も理解し、気質や習慣が分かってきたので、近づき、親しくなりました。彼らは主に穴蔵に、一部は木造の小屋に住んでいました。独り者の漢人たちは二、三〇人ずつで一つの炉を使って生活していました。ロシア人は主として女子供で、家はとても清潔で驚きました。中に入ると暑いくらい暖かくて、快適なペチカ、壁や天井は真っ白、木の床面はピカピカで、上にある電灯は明るく照っています。寝台はふんわりしていて、編み目のカバーがしてあります。足で踏んではいけないようです。私たちは二、三人一緒にこういうロシア人家庭にロシア語で挨拶しながら訪問するようになりました。彼らは私たちを親しく歓迎し、お茶を飲んでいる間、いろんなことをモンゴル語で訊きたがります。ロシア人の奥さんのいる漢人家庭もこのようです。それで、ジャルガラントにはロシア人小学校があったようです。モンゴル人家庭にも出入りして、一部は兄弟姉妹のようになった者もいます」

◎夕べの集い

「私たちの所にいつも出入りしていたヤダムスレンという若者が、ある日、『今夜、集まりがある。行って、タンツを踏もう』と、これまで聞いたこともないことを言われ、あれこれ思い巡らしました。『タンツ』という語は漢語で『絨毯《じゅうたん》［carpet］』という語なので、夜に皆《みんな》でカーペットを踏む仕事をするのだろうと思って、言われた所に行ってみると、それは『オラーンボラン［赤い部屋］』という建物でした。冬場なので、早く暗くなって、あちこちにろうそくを点《つ》けた大きな広間でした。ステージにはラシャのカバーをしたテーブルが並べてあるのを見れば、集会であるのは明らかでしたが、『私たちはカーペットを踏むのを見ようと集まっているのだ。集会は私たちを紹介する集会だ。私たちもこの国営農場の労働力になった』と理解していました。集会が終わると、椅子を片づけて、広間の両側に並んだ椅子にばらばらに腰かけたので、中央に空間ができました。私たちは今度こそ、カーペットを踏む仕事が始まると思っていると、全員が立ち上がって、歌いだしました。

「世界の全ての人民大衆を
全権的に導くインターナショナル」

で始まる『インターナショナル』という歌でした。

その頃の夕べの会の定番は、最初、全員で元気に歌を歌い、次にその夜の集まりを指導する委員を選ぶ。前もって用意したプログラムがあれば、それに従う。なければ、委員が、直接、指導する。その後、演奏者［マンドリン奏者］が壇上に登場して演奏すると、数人の男性が立ち上がって、腰かけている女性たちの前に行って手を差し伸べると、その女性はすぐに立ち上がり、手を相手の肩に置き、恥ずかしげもなく体を抱《かか》えられた状態で二人が駆け足になっては跳びはねるようです。そうすると指導員が『踊りなさい、踊りなさい』と全体に声をかけて、一斉に全員で彼らのように踊るように言ったので、『タンツ』とは踊りのことだと分かりました。私たちはすぐに立ってどの女性かに手を差し出し抱え、踊るのはツァムの踊りのようでした。私自身は恥ずかしくなって座ったままでいると、『サンダル競争』『ハンカチ投げ』という参加者を愉快にするゲームを幾つかして、大いに鼓舞され、陽気に大騒ぎし大笑いしたので、この初めての夕べの集いは忘れられないほどの強烈な印象を残しました」

◎ズーンブレン農場行き

「この国営農場の労働力として来たので、私たちは仕事を割り当てられていました。初めの頃は一般的な仕事をさせられ、後に成人に達した者を別にして適した仕事を充てがい、三〇人ほどの未成年者はジャガ芋を分別するような仕事をさせられました。数日、働いてから、こういう仕事をしているから学習目標に遅れると言って、生徒たちの間で不満が生まれ、『私たちは勉強しに来たのであって、肉体労働者になりに来たのではない』という反発が出、仕事に出なくなりました。それでまもなく、中央から人が来て、生徒たちの代表と会って意見を聴取し、生徒全員の学力水準を調査して、はっきりさせ、以下の協定に至りました。

すなわち、生徒たちの中には学齢期の生徒の他に学齢期を過ぎた者もいるので、将来、専門的な労働者として働き、生活できる。しかし、年少の生徒たちは、年齢、学力水準を考慮して学校に入れるが、新学期が始まるまで働くことにする。

実状はこうなので、全員、了解し、翌朝から仕事に出る者は出て、一部は五人から一〇人ずつになって別の所に行きました。学齢期の三〇人の生徒の内の一〇人はエンフタル国営農場に、二〇人はズーンブレン国営農場に割り当てられて働くようになり、私自身は後者に割り当てられて、ある朝、連れて行ってくれるトラックが来ました。私たちには二つのフェルトをくれて、一つは下に敷き、もう一つは被って行けと言われても厄介《やっかい》で、一つは折り畳《たた》んで敷き、一部の者はその上に座りました。しかし、車がスピードを上げると、いかにフェルトの靴、綿入りのズボン・シャツ、ウールの帽子、ウールの外套を身に着けていても、北部の厳しい寒さはさすがで、一九四五年一月の初旬は極寒で、若い牡牛の角が割れるほどの一番の寒気でした。私たちは鼻風邪を引き、名人でも指がチクチクして馬捕り竿を落とすほどの寒さで、畳んだフェルトを被って、お互いに体を寄せ合って行きました」

◎旅籠《はたご》の漢人

「トラックは、途中、用便すると言っては二、三度、停車して、夜遅く、一軒の半地下式の建物の門の前に止まりました。入ると暖かくて、泊まるために下車しました。ここはかなり広くて、漢人が営業している旅籠でした。旅人は冬の寒さのせいで、夜昼となく、ここにやって来ては熱いお茶を飲み、食事をするだけでなく、奥の空いている所で裏表に毛の付いた外套や上着を被って、暖かくして宿泊していました。私たちはそこの片隅に身を寄せ合って居眠りしましたが、食事の匂いがお腹には毒でした。この建物は今のシャリンゴルの橋のこちら側にあったのですが、今行っても跡形も無くなっています。

私たちが何者なのかと興味を感じた一人の漢人の給仕が近づいて来たので、生粋《きっすい》の漢語で応じると、とても驚いて他の人も呼び、話が弾んで、盛大な交歓会になりました。私たちを長いテーブルに招いて座らせて、たっぷり肉の入ったスープや肉まんをご馳走《ちそう》したので、私たちは大喜びでした。後でシャリーンゴル橋に行くたびに、素晴らしい心持ちの、その漢人たちを思い出しますね。

翌朝、早く起きて出立しようとしていると、数人の将校が入って来て、お茶と食事を注文してから、一人の将校が私たちに話しかけました。『あなた方は日本人ですか？』と、日本語で訊きました。しかし、私たちの誰も返答しません。よく考えると、その将校は日本語の知識を見せびらかそうとしていたからでしょう。戦争や殺人行為は子供たちを恐怖させ、信頼を失わせ、用心深くするのでしょう」

◎ズーンブレン農場にて

「シャリンゴル橋からズーンブレンまで約八〇キロでしょうか。今思うとシャーマルだったでしょうか、途中、大きな村を過ぎて、正午近くにズーンブレンに到着して、細長い丸太の建物の傍《そば》で下車しました。この丸太小屋の右端の入口には国営農場の事務所があり、他に数世帯が暮らしていました。事務所の一室を空けて、床の上にフェルトを敷いて、私たちを住まわせました。私たちには寝具などなく、ただ着ている服だけで、背負って来た毛布以外は何もなかったが、宿舎は暖かかったので、凍える心配はありませんでした。その後、まもなく病院の小さな建物を空けてその側に調理室を建て、我々を移して入れました。こうして国営農場の中央に南モンゴルの少年たちのコミュニティ［アイル共同体］ができて、食事は作ってもらって食べ、これからどうなるのかを待ちながら、国営農場という大きなコミュニティの生活にも慣れ、生活の知恵を身に付け始めたのです。国営農場の運営と活動を身をもって支えている一群の人々は、機械工、トラクター運転手などの専門員たちであることが分かってきました。この機械工たちはあらゆる機械を完全に分解しては元の状態の組み立て直して、乗りこなしているのを見て、すっかり感心してしまいました。その人たちは普通の親切な人たちでそれぞれ渾名《あだな》があって、進取の精神に富み、そのためにまた、多くの人望を集めていました。その人たちを指導するロシア人やモンゴル人の機械技師たちも皆、人望がありました。ロシア人機械技師は、妻と幼い娘たちと一緒に、付属の宿舎で暮らしていました。トラクター運転手たちも油と埃《ほこり》に塗《まみ》れた服を着ていました。私たちはいつもこれらの素晴らしい人柄の先輩たちの前後にいて、機械の操作を覚えようと努めていました。国営農場長は、私の父のように長身痩躯《そうく》で、鼻が高く、優して素晴らしい人となりのプレブという人で、自分の父のように思え、叱《しか》られるべき時は叱られ、甘えていい時は甘えていました。私たちの扱い方を心得た、人間についてよく知っている人だったと思います。

私たちに初めてモンゴル語の歌を教えてくれた人は、国営農場の党細胞の書記長であるヤダムスレンという長身痩躯の人でした。ある日、私たちの宿舎にやって来て、面白い話をしていて、私たちはモンゴルの歌を一つも知らないと言うと、モンゴル人民革命党の第一〇回大会についての歌を教えてくれました。

発展する党の一〇回大会
労働者・牧民大衆の道を…

それから歩きながら、歌いました。この頃、ゴビのあるアイマクに指名されて来ていたアヨーシという若者が私たちと親しくなっていました。その若者はこの歌の文句を替えて、『老いぼれラマの粗末な小麦粉一〇袋…』と歌うのを覚えて歌っていると、誰かが上役の耳に入れました。まもなく二人の上役が飛んで来て、『そんな風に党についての歌を小馬鹿にして歌う者は〝反動〟だ』と言われました。初めて『反動』という言葉を骨身に沁《し》みるまで理解させられました」

◎ツァガーン・サル［旧正月］

「まもなくツァガーン・サルになって、家族を訪ね歩き、挨拶して回りました。最初に事務所の管理人、つまり私たちの食事を作ってくれる小母《おば》さんの家へ行きました。その家には一八から二〇歳《はたち》ぐらいの、二人の綺麗な娘さんがいました。その小母さんはとても好い性格をしているので、母親のように思えるし、二人の娘さんはお姉さんのように敬うようになっていました。家々を回るとボーブをくれるということも前から分かっていました。初め、家々に入るのが恥ずかしかったのですが、とうとうそのボーブを受け取り、餃子《ギョーザ》までもらって食べるために何人か組になって挨拶回りすることになりました。別な言い方をすれば、あるグループが訪問した家に別のグループは行かないことにしたのです。

戦後で物が欠乏しているのに、豪勢《ごうせい》なツァガーン・サルになったようです。その当時も、概してその後も一九九一年まで、家庭ではオーツを据《す》えることはできず、習慣として欠かせない三杯のアルヒも飲めませんでした。今では驚くべきことですが、最後に競って取り合った、その羊の脂身の尻尾や、底に置いて砕けてしまった硬いボーブに黴《カビ》が生えて棄ててしまう家庭もあります。おめでたい祝日を財貨を浪費する日のようにするのは、実に残念です」

◎売春宿

「国営農場には少数の生徒が通う小学校がありました。先生や生徒たちと親しくなって、本や新聞を借りて読み、新文字を習おうとするようになりました。

私たちを心配させたのは、管理人の小母さんの家にいつも男たちが出入りしていることでした。これを私たちはまったく気にしないでいました。中央から派遣されて来る人は誰でもそこに泊まりました。国営農場のぐうたらな若者、トラクター運転手たちもそこに出入りしていました。ところが、この連中が例のお姉さんたちと同衾《どうきん》していると、私たちの一人が耳にしました。それで二人のお姉さんが愛《いとお》しく気の毒で、見ていられない気持になりました。生徒たちの話題になり、いろいろと言われました。男も女も身をきれいに保ち、結婚してから子供を作るべきだというのが親の教えでした。町の中心に住んで、漢人たちと接触し、その習慣に少しでも馴染んでいた私たちのような子供たちが、見たこともないものを見て、心を悩まし不安になりましたが、牧民の子供たちであれば、気にしないことでした。彼らの話であれば、娘たちが成熟に近づくと、『あんたとこのアイラックは発酵し、娘は大きくなったかい？』と、老いも若きも訪ねて来ては、羊などの家畜の牧草地に来て、強姦《ごうかん》して、それを他人に言い触らすので、そのせいで、その娘は多くの男を受け入れる多情な女の道を歩んでしまうのです。性病に罹《かか》るケースも多く、ついには目鼻が無くなるそうです。こういう話は主としてモンゴル国境付近のアイマクやホショーでの話です」

◎性病

「徳王様が南モンゴルを中国から独立させるために一九三五年から自分の軍隊を結成した時、主に東部モンゴルから徴兵し、戦闘経験のある男子と武装した匪賊をも徴募しました。長年、軍隊にいて疲れきった、これらの兵隊を、新しく若者たちに替えようという要求が出て、一九四二年から四三年にかけて新兵を募集した際に、彼らの多くは性病に罹っていたため不採用になったと、この仕事に携わった医師たちから後で聞きました。漢語で、この病気を『淋病《りんびょう》』と言い、この病気がいかなる病気なのか、後に科学的根拠によって、接触性伝染病と理解されました。

この病気と闘うために、我が国はソ連の援助で、全国民を健康にする手段を、二度も講じた結果、人民の健康度は九八％から九九％に達し、人口は二〇年のうちに二倍に増えたのです。モンゴル人民共和国が一九四九年に設立してから、南モンゴルの牧畜地帯に拡がった、この病気の原因を根こそぎにするための自発的な『抗梅隊』という明らかに暗い名の下に、手段を講じた結果、具体的な成果を収めたのです。

この厄介な病気が、いつ、モンゴルに伝わったのか？　匈奴の時代からでしょうか。モンゴルの母親が健康なだけでなく、元気な子供を産み、モンゴル男子がいかに精悍《せいかん》であるかが、現在、世界を驚かしていませんか。体の弱い者が容易に病気に冒されるように、モンゴルの威力が衰え、立ち後れて、外国の圧制下に入ってからでしょう」

【補説】性病

満洲国軍の日本人軍医候補生として隊付勤務中に敗戦となり、ウランバートルに連行され、羊毛工場での強制労働の後、病院勤務になった山邊愼吾氏は、薬局の女性から、北モンゴルの全人口の九五％が性病を患っていると聞かされた。ということは、一〇人中九人以上が性病患者ということになる。山邊氏は、アムラルト病院の院長が若いモンゴル兵を診断するのに立ち会い、梅毒の症状を目撃し驚愕し、数人のモンゴル女性がアクチゾール［抗菌剤］の注射を受けている現場も見ている。サルバルサン［梅毒の特効薬］はものすごい闇値で取り引きされていた。日本人が満洲から持って来たサルバルサンは高値でも飛ぶように売れた。しかし、モンゴル政府も援助国ソ連も性病撲滅に取り組んでいるようには思えなかったという（『ウランバートル捕虜収容病院』一一五、一一六、一一七頁）。

◎日本兵捕虜

「私たちがこの国営農場に来てから、四〇人を超える日本兵捕虜が来た他に、一〇人以上の南モンゴルの兵士たちが来て、働いていました。彼らは、毎日、山と積まれた小麦を精麦する仕事をしていました。しかし、日本兵を銃を持った兵士が監視して、他の者たちとは区別していました。日本兵担当の軍官は、私たちの中からボルトモルという生徒を選んで、通訳し、時々、私たちとも会うことがありました。まもなく私たちも国営農場の中央の、あらゆる仕事に割り当てられて働くようになりました」

【補説】日本兵捕虜

朝日新聞社がモンゴル公文書管理庁から入手した捕虜政策に関する文書の写しによると、日本人捕虜は、元々二万人を移送する計画だったが、実際に移送されたのは一万二三一八人。この中には民間人一四一三人、警察官七〇人、四三年にモンゴルでスパイ活動容疑で逮捕された一人が含まれていた。抑留中の死者は一六一八人で、民間人の死亡率は高く一九％、年齢の高い人が多く、五〇歳以上が一四人もいた（一九九五年六月一九日付の『朝日』）。

また、同歴史中央文書館にある文書の中から、連行された民間人の、「民間人の抑留はやめてほしい」という陳情書が見つかった。陳情書の差出人は、ウランバートルから北西に約一一〇キロ離れたジャルガラント農場の「日本民団代表」となっている（同紙同日の夕刊）。日付は不明だが、蒙古軍幼年学校の生徒たちと同じ農場にいたことになる。

◎支給品

「兵隊と私たちはどんなに仕事をしても、賃金をもらうことはありませんでしたが、食べ物、靴、衣類などは規定通りに与えられていました。食料としては、馬肉を主とした肉、粗末な小麦粉、パン、塩、砂糖、茶、タバコ、マッチ、そして衛生上、手拭いと石鹸などが与えられました。しかし、私たちに支給品を配る際に、未成年だということで、タバコの支給をカットされたので、『仕事は大人と同じようにしているから、減らされるのはおかしい』と抗議して、規定量のタバコをもらいました。それを一〇トゥグルグで売っていました。一部の者はタバコを吸ってみようと、紙を巻いては吸っていました。私も太く巻いて吸ってみましたが、なかなか慣れませんでした」

◎ウズベックの若者

「地方に派遣されて来た三人のウズベックの若者がたびたび私たちの所にやって来ました。彼らはシンジャンから来てモンゴル国境付近で金を探していて、モンゴル国境警備隊に捕まり、ウランバートルに送られて監獄に入れられ、その後、地方に送られてズーンブレンに来たのです。毎週土曜日、国営農場の集会所でいろんなイベントがあると言われて、シンバルの音が響くと、私たちはそのウズベックの三人と駆けつけて、かなり積極的に参加しました。しかし、兵隊さんたちは、全然、来ませんでした。こういう『夕べの会』に出て初めてウズベックの歌を聞き、『ヤル、ヤル』と歌いました」

◎田舎の牧地にて

「国営農場のセンターでつまらぬことをして、ダラけていると、ある日、プレブ農場長が私たちを集めて、『今、羊などの家畜が仔を産み、仔羊・仔山羊が鳴いていて、田舎の牧地は素晴らしい時節。お前たちのうちで誰かを田舎に派遣したいと思っている』と言って、志望者を募ったので、私は、『家畜の仔の世話をすれば、乳製品が食べられるという言葉がある。素晴らしいことではないか？』と思って、直ぐに手を挙げて、意思表示しました。後日、準備を整えて出発することになりました。数人の少年たちがこの仕事に行くことになり、ジャガルサンボーという少年と私が同じ方面に行くことになりました。

翌朝、倉庫係から一カ月分の食料を出してもらって牛車に積み、田舎のお爺さんに従って、私たち二人は出発しました。牛車の速度は遅く、一日中、セレンゲの柳の生えた滑りやすい道や小さな丘をいくつも越えて、行きました。牛は疲れたらしく、へばり込んで動こうとしません。それで、荷車を切り離して引っ張って行くしかありません。途中、道案内のお爺さんに、『狼が来て荷車に積んだ肉を食べてしまいませんか？』と尋ねると、『積荷の中にまで入り込むような悪質な狼はいないな。狼は積荷には手を出さない』と言ったので、荷車を放ったらかしにして、近くの集落を目指しました。その集落の爺さんと婆さんが私たちが来るのを、前もって知っていたようです。『南モンゴルの子供たちかい？　いらっしゃい、お入り』と言って、とても親しく迎えてくれました。お茶や食事を作っている間に、私たちから色々と聞き出し、『家畜を飼育したことがあるか？』と尋ねました。ジャガルサンボーはシリンゴル盟出身の少年で、小さい時から家畜を飼養したことがあると言うと、そのお爺さんに気に入られたのが、話しているうちに分かりました。冬のその夜を、南北モンゴルの同胞が会ったように話が弾んで、楽しく過ごしました。寝る前に、家の主人が壁の上の方に吊るしてあったシンバルを取って、表に出て、ゲルの周りで数回叩いてから戻って来て寝ました。理由《わけ》を尋ねると、『狼を脅かしたんだ』と言いました。当時、セレンゲ・アイマクは最も狼が多いのに数えられ、当時の『マタル［鰐《わに》］』誌にはセレンゲの狼について書いてありました。

翌朝、荷車を持って来て、食料を分け、ジャガルサンボーはこの集落に残り、道案内のお爺さんと私はさらに進んで、目指す集落に向かうことになりました。話からその集落はアルスージトという所にあることは知っていました。お昼頃、ある小山の裏側の斜面を下ろうとして道端の柳の茂みにはまってしまい、牛はもがいて、ますます、はまり込んでしまいました。引き出そうとしてもできないでいると、馬に乗って人がやって来ましたが、それは若い娘でした。その娘さんは助けを呼びに急いで戻り、人を連れて来て、協力して牛車を引っ張り出しました。その小山を越えると、セレンゲ河の対岸の柳の密林が黒々と見えて、そのこちら側には雪に覆われた広々とした谷間に、「∴」のように三軒のゲルが掌《てのひら》に載っているように見えました。それが目指す集落だろうかと思いながら行くと、まもなく到着し、手前のゲルに入りました。これはここの部落（суурь）のゲルで、あの若い娘さんのゲルでした。部落長は年配のブリヤートの奥さんやその娘と暮らしていました。右手のゲルには手伝いのヤドマーという四〇過ぎの男が妻と一緒に暮らしていました。この時から、牧民の生活がどんなものなのかを身を持って知り、その生活に馴染む幸運に恵まれました。

　私のする主な仕事は、毎朝、家畜小屋にいる牛を、牧草地に追い出してから、その寝ぐらを掃除することでした。シャベルで地面にへばり付いて凍った糞を掬《すく》って山積みにし、それを桶《おけ》に入れて運んで荷車に積み、牛に牽《ひ》かせて、少し離れた所にある指定の場所に捨てるのです。凍った糞を掬い取るにはかなり力が要ります。三、四時間、格闘して、やっと外に出られるんです。部落長は朝早く出かけて、お昼頃、荷車に草を堆《うずたか》く積んで帰って来て、家畜入れの柵内に降ろします。

　草刈りに行くほうが糞《ふん》を掃除するより、概して楽しいと思って、草刈り場に行きたいと言うと、

『もし草の上に立って積むことができなければ、行かないほうがいい』と言われて、『できる』と答えて、ドルジン姉さんに連れられて、喜んで出かけました。部落長の娘はドルジンと言って、私よりかなり年上でした。牧草地に行って草を積み始めると、放って置かれました。熊手を握っても草を乾せないでいては、どうして荷車まで運んで草を積むことができましょうか。その日、草は少ししか運んで来れず、柵内を掃除する以外の仕事は勤まらないと判って、二度と草運びに行きたいとは言いませんでした。

ドルジン姉さんは四年生の学力があって、綺麗で、すらりとして美しく、利発でした。この作業班の全ての会計簿を書く仕事をし、モンゴル文字も流麗に書けました。たくさんの詩も知っているし、当時、稀な簿記の知識もある、才能豊かな人でした。機会があって、将来、勉強すれば、学問を完全に身に付けた優れた人材になったでしょう。夕方、家にいると、何冊かの本から詩や物語を読んでくれて、歌も教えてくれました。『ゴーリンゴー』という歌を初めてこのお姉さんから学びました。私が自分の父や母について話すと、とても興味を持って聞いてくれましたが、彼女のお父母さんについては何も話さなかったのは、禁句になっていたからでしょうか。

三軒の家のうちで家畜の仔が産まれるのを待っている家がありました。ヤダマーさんは、朝、牛を集めて出かけ、夕方、帰って来ます。奥さんのゲルギーは乳牛などの家畜の乳を搾《しぼ》り、母牛に見捨てられた仔牛を、珍しく良く響く好い声で呼んで宥《なだ》め慈《いつく》しみながら、乳を搾ります。『あなたは何て好い声をしているんでしょう』と言うと、彼女は『もし私の片方の目がこんな風でないなら［片方の目が悪い人でした］、劇場に採用されたでしょう』と言っては残念がっていました。左手のゲルには私とドルジン姉さん、左側の木製のベッドには彼女の母親が寝ます。ドルジン姉さんは私を後ろに入れて寝ます」

◎狼の襲来

「セレンゲ・アイマクは、狼が多く、今日でも家畜を襲うので、夜は大変です。それで集落を交替で警戒し、内側にある家畜の仔を入れた小屋では火を焚き、巡回します。ドルジン姉さんが見張りの晩は、一人で一つのベッドを占領して快適に寝ていました。あまり人の住まない、こういう田舎では独身のこういう素敵な娘さんにも巡回させることもよくあることです。国営農場長は仕事の点検だと言って、やって来ます。いつも夜になってから到着します。ブリヤートの会計士の奥さんも子供を連れてですが、夜になってから到着します。この度に私はベッドから起きて、母親の後ろで寝ます。こういう時は、ドルジン姉さんが恋しくなっていろんなことを思い出します。壁の上の方には退役したら、一緒に暮らすという若者の記念のハンカチが吊るしてありました」

【補説】狼害《ろうがい》

モンゴル人民共和国では一九五〇年頃でも、狼に襲われる家畜数は「年二〇万頭を下らず、これは住民の食用に供せられる一年間の家畜数にも匹敵していた」（坂本の前掲書九二頁）。右記のような狼対策の他に、牧民は、羊の囲いに狼除けの案山子［狼除《よ》け（манухай）］を立てたり、屈強のモンゴル犬に番をさせたりするが、知能の高い狼はその間隙《かんげき》を縫って奇襲をかける。

「生活とはこんなものでしょう。けれども、ここで習い覚えたことはたくさんありました。牛車で薪を採りに行き、薪を積んだり、荷車を牽いたり、薪を縛ったりする仕事を、はじめはできませんでしたが、まもなく覚え、自分一人でも、三、四台の牛車を繋いで、泥濘《ぬか》るんだ道や雪道も通れるようになりました。

また、ここで初めて馬に乗ることを覚えました。最初は灰色の老いぼれ馬に乗って乳牛に近づくような、つまらぬ仕事に出ていましたが、自分の馬を放ったらかしにして、ドルジン姉さんの荒馬を借りて、疾走できるようになりました。このように馬に乗って疾駆したいという欲求がますます強くなって、生まれ故郷から遠く離れた、こういう辺鄙《へんぴ》な所にいるけれども、モンゴルの同胞と馴れ親しみ、家畜の傍で乳製品を食べて、モンゴル人であることを実感し、自分の生活が意義あるものになって来た頃、突然、怪しい雲が現われ、平穏な生活を打《ぶ》ち壊す出来事が起こるとは誰が知りましょうか」

◎畜舎の火事と取り調べ

「二月の末のこと。寒気が緩《ゆる》んで、ハンガイ中の雪が融けそうな、ある晩でした。柵で囲んだ中央のゲルにいた仔牛の鳴く声が聞こえたので、急いで出て見ると、その天窓から火が出ていました。みんなで走って行って、仔牛を外に出そうとしましたが、数頭しか救えず、他に一六頭いて、火の中で助けを求めて泣き叫びながら、息絶えてしまいました。いかに恐ろしく悲惨であったかを言葉で表現する能力はありません。

仔牛たちを愛《いとお》しくなる度に、自分が過《あやま》ちを犯したかのように思えて、後日、それらの可哀想な者たちのために罪を被《かぶ》る気になり、周りの生活には関心がなくなって、ただの灰になっしまった仔牛たちの悲鳴と悶《もだ》える様子が目に浮かんで来るばかりでした。

恐ろしい事件について国営農場の本部に報告するために、ヤドマー氏と私が行くことになり、初めて二駅逓先まで、夜、馬で出かけました。着くと朝になっていました。

本部に出頭して状況を農場長たちに報告しました。その日は、担当の委員と一緒に作業班に戻って、現場検証を受け、その後、アイマクの裁判所に移ることになりました。数日後、この件に関わった者の一人に数えられて、車でスフバートル市のツァガーン・エレグに送検されました。

車に乗ってそこに着くと、すぐに収監され取り調べを受けることになりました。しかし、取り調べ中に拷問はされないと聞きました。私としては真実を話し、間違いを犯していれば、正直に認めて、あの可哀想な仔牛たちのために刑務所に入ってもよい、と思って、涙を拭《ぬぐ》っていました。

そんな時、ドルジン姉さんが訪ねて来て、『そういうのって、男？　涙なんか見せちゃ、だめよ』と同情したり慰めたりしてくれました。監獄の中で、また母を想い出しました。

ズーンブレンからスフバートルに入ると、まもなく、一軒の建物の傍で停車しました。今思うと、アイマクの検察局だったでしょう。待っていると、『あとで呼ぶから、待っていなさい』と言われて、同行した人たちは、知っている家々に泊まる許可をもらいました」

◎ロシア人家庭

「私はナワンという人の所に預けられました。ナワン氏は私の父ぐらいの年齢の人で、私とは親しく話をしてくれて、家に連れて行ってもらうと、奥さんは太ったロシア人女性で、快く迎えてくれました。ロシア人の奥さんがいれば、ロシア人家庭と言います。清潔で整頓されていることについては、すでに書きました。

田舎から来て埃まみれで焦げ臭い私としては足の踏み場も座る場もありません。どうしようかと困っていると、それに気付いて、奥さんは、世話好きな母親のように、帽子と綿入りシャツを脱がせてハンガーに掛けてくれました。美しいモンゴル語で尋ねたりおしゃべりしたりしながら、食事になりました。夕方、私を余所《よそ》に連れて行くのかと思っていると、家に置き、ベットを整えて寝かせてくれることになりました。脚気になって靴を履くのが辛くなっていたので、外の庇《ひさし》の下に靴を脱ぎ捨てて、すぐにベットに入りました。ここはアルタンゲレルという一三、四歳の息子と、二人の幼い娘のいる家庭でした。後日、裁判所からの呼び出しはありませんでした。働き者で、モンゴル人の夫を心から愛しているその暖かい心のロシア人女性は私の汚れた服を脱がせ、代わりに古いけれども、こぎれいな服を着せてくれ、私の服は洗ってくれました。夜になると、息子のアルタンゲレルは私を銭湯に連れて行き、私をきれいにしてくれました。

この家庭で一カ月近く、ほとんどその家の子のように、飲み食いし、子供たちと遊びました。二度も裁判所に呼ばれて取調べを受けて、最後にどんな審判が出たかは知りませんが、国営農場に戻ることになりました。この家の主婦は自分の息子が遠くに出かけるのを見送る母親のように袋一杯の食べ物を旅の食料としてくれました。この慈悲深い、素晴らしい人は、もう存命ではないと思いますが、その子孫はどこにいるのでしょうか。あの可愛い子供たちは、本当に立派な両親に恵まれて幸福な生活を送っているにちがいありません。

しかし、後で考えてみると、この重大事件で、どうして誰も裁かれなかったのでしょう？　私は未成年だったからでしょうか、他の関係者はどうなのでしょうか？　事件は片づいてはいないので、いずれ召喚されるのではないかといつも思っていました」

◎内務省のスパイ

「国営農場に帰った時は、もう四月末で、オルホン河は雪も氷もすっかり融けて、水が溢れんばかりでしたが、渡し場は渡れました。私が刑務所に入ったとばかり思っていた仲間たちは、元気溌溂《はつらつ》で以前よりもきれいな服を着て、お菓子の土産を持って来たので、大いに喜び、驚いていました。

しかし、国営農場にいた三〇人の南モンゴル人の中に内務省が、内通者を入れていたことを忘れてはなりません。私たちの中から選んだ年長のツェレンに内務省が探索任務を与えたので、彼は警戒され、ボルトモルも回し者だと用心されていました。これは同胞の仲を裂くようなもので、お互いに猜疑《さいぎ》心を抱かせる他に、何も良いことはないのは当然です」

◎耕作班

「あの事件の後には、また牧畜の作業班に出して働かせることはせず、次々と耕作班に配置しました。この頃、この国営農場にはトラクターはまだ少なくて、三つの耕作班が出ていただけだったと思います。各班には2台から5台のトラクターがあり、『ナチ』という無限軌道式トラクター、『ベラルーシ』という鉄の車輪の、ガソリンで動くトラクターなどがありました。その頃は、まだ春耕はできないようでした。秋か春先に耕して種を蒔《ま》いていました。

一つの班は一、二のゲルと天幕を建てて一カ所に寝泊まりして、七日から十日間働いては別の場所に移って、また仕事を続けるのでした。私たちの作業班は主として牛車で飲料水とトラクター用の水を川から、ガソリンを国営農場本部から運んでいました。その他に、トラクター助手として働き、水と燃料を補給したり、耕運機を動かしたり、時には夜間に交替でトラクターを操縦して、運転手をゆっくり休ませたりしました。これは私たちとしては得難い褒美《ほうび》で、できる限り懸命に仕事を遂行しました。

トラクター運転手は若い人たちだけでなく、年配のベテランたちもいました。これらの年配の運転手たちは、以前はラマ(注1)で、捕われの身になり、内務省の収容所に監禁されていた時にトラクターの運転技術を学んで、その後、国営農場に来て、トラクター運転手として働いていたのでした。私たちが働いていた頃、モンゴル国立大学の四年生の学生たちが、工場研修に来ていました。ウネンブレン、アヨーシという二人の学生の名を覚えていますが、後に二人は大臣になったと聞きました。彼らも私たちと同様に肉体労働をする他に、作業班の統計と黒板を出して来ては、成果を宣伝する仕事もしていました。風紀、実績の面でも模範生であり、多数の尊敬を集めることのできる先輩たちでした。モンゴル国立大学(注2)は、一九四一年、創立で、この人たちは最初の卒業生になりました」

（注1）還俗ラマ「寺廟から強制的に還俗せしめられたラマは、ほとんど国営農場に編成せられた。寺廟から没収せられた家畜二二八七万五百頭のうち、一六五万八千頭が国営農場に分配せられたことは、この間の事情を物語っている」（坂本の前掲書九六頁）。

（注2）モンゴル国立大学　一九四二年の創立当時、学部は医学部、獣医学部、教育学部の三つだけで、学生も四百人足らずだったが、四七年には動物学部、獣医学部、医学部、物理数学部、文学部、社会科学部の六つの学部と三四の講座があり、学生数も六六三人に増えた。医学部は六年制、他は五年制。学費は無料で、給料まで支給されて学年が進むにつれて高くなり、成績が良い者は増額され、悪い者は減額される。寄宿舎も完備し、学生食堂も安い。（坂本の前掲書一三四頁、坂本『モンゴルから中央アジアへ』九七頁）

◎日本を礼賛して非難される

「私たちの間で色々なことが話題になりましたが、ある時、日本国について、質問されました。私はうっかり、日本は文化的で、強力な軍隊を持ち、アメリカに勝っていたし、それだけでなく、一九〇五年にはロシアの艦隊を撃破し、また南モンゴルが中国から独立するのを助けた、というようなことを話すと、先輩たちの感情を逆撫でしたようです。私に対する態度が変わり、私の仲間たちもこれに驚いて、私に対して『盲人《めくら》のいる所に目をつぶって行く』とか『跛者《びっこ》と一緒に杖をついて歩く』ようなものだ、と非難しました。日本を非難すべきなのに、賞賛するのはどうしてか、『監獄に入れ』と厳しく非難しました。その後、何度も、周りの人たちを呆れさす、こういう話をして、何度も非難されました」

◎社会主義的競争

「労働者の労働を活発化させるために、『社会主義的競争』という名の下に競争が組織化されていました。成績をほとんど毎日、公表して黒板に書き、何人かの高い成果を挙げた首位の労働者の名前を、アイマクと本部の新聞に載せていました。

私たちが小さかったその当時、メーデーを控えての社会主義的競争として行なわれましたが、私たちはその『五月の祝い』とは何なのか知りませんでした。その後、五月一日に行なわれる国際性を持った、この催しは、ソム〔郡〕の本部でも催される公式集会になり、国営農場の幹部たちが報告し、優秀な労働者を称賛したと聞きました」

◎山林作業

「春の種蒔きが済むと、私たちは国営農場本部の大きな白いゲルに収容されて数日、寝泊まりしました。その後、捕虜になった日本兵も住むことになりました。国営農場本部で最も大きいとされていた長い白い建物の隅にある大きくて堂々とした部屋を板で仕切って、ベットを置いて収容されました。

国営農場の私たちの生活を快適にしようとして行なわれた仕事で、一番辛かったのは山林をきれいにすることでした。ここの農場員は、前にある山に出かけて薪を集める際、不法に高い木を切り倒し、枝下ろしなどせずにそのまま放置して置いたので、森林警備隊の査察の後で、後片づけさせられました。不法に切り倒して置いた木を鋸で切り、枝を森林の空き地や山裾《やますそ》まで運び出して、山積みにして置き、冬、雪が降った後に燃やす準備をするなどの仕事は大変でした。

その他に、夏の暑さの中で、蠅や蚊、青い穂のような虫に咬《か》まれたり刺されたりしたのが何よりも辛く、言いようがありません。特別に保護する網や脂も無く、せいぜい、夜に蚊遣りをするぐらいでした。この仕事をどうにか終えて全国ナーダムの直前に、国営農場から私たちに新しい仕事用の黒い長靴や粗い木綿の新しい夏服をもらって、しゃれていました。その当時、黒い長靴はしゃれた靴でした」

◎ナーダム

「一九四六年は、『大勝利』後の平和な時期の始まりで、モンゴル革命二五年祭の年だったので、この国営農場規模でも盛大に祝い、競馬、相撲、弓のナーダムを催しました。ナーダムの会場は旗やスローガンで飾られ、ゲルや天幕が建ち、ボーズやホーショールの店が出て、ナーダム参加者を呼び招きました。シャーマル村からはロシア人や中国人たちが四輪のホドクという車でやって来て、ピーナッツ、美味しいボーブ［お菓子］、ビスケットを売ります。私たちは食堂の薪《まき》を割ったり水を運ぶ仕事をさせられて忙しかったものです。夕方になると、国営農場の集会場でのオペラ『理由《わけ》ありの三つの丘』に招待され、立ったままで席がないほど一杯でした。これにはアイマックの有志のアーチストが四人のマンドリン奏者を連れて来て、完璧なオペラ形式にして観衆を喜ばせていました。その後《あと》で、盛大なショウになり、夕べの会でナーダムを盛り上げました。それでも、泥酔《でいすい》した人はまったく見られなかったのは、今と違っているようです。

お祝いとして南モンゴル兵の何人かが木綿の布を受け取り、それで夏服を縫うのだ、と誰にでも話して、嬉《うれ》しさを表わしていました。戦後の時期なので、物は何から何まで欠乏しており、木綿一巻は上等な賞品でした。

そうこうしているうちに数日後、アイマクのナーダムがあるので、それに参加する人を選んで、農場にあった唯一のトラック一杯に乗せて、アイマクの中心であるアルタンボラクに出かけました。

アルタンボラクは、以前はシベー、キャフタと言う名前でした。アジア・ヨーロッパを結ぶ通商路に当たり、それまで重要な交易市場だったので、外国の商館や店、交易所、銀行や金融商社などで市場は賑わい、今風に言えば、商業自由市だったのです。今までアルタンボラクは自由市だと何年も言われて来ました。良いところばかりでないのが残念です。条件が整っていないのです。人民革命後、セレンゲ・アイマクの中心となり、国境のロシアとの交易地になり、小学校と七年制中学校があり、朝夕、煙突の音で仕事に出かけ、皮革を加工し、ビール工場があり、ソ連領事館があり、モンゴル人、ロシア人、中国人が住み、その当時は我が国の発展する、『革命の揺籃［ゆりかご］』として有名になった所でした。一五〇年経って、鉄道が敷かれてからは、アイマクの中心地はツァガーン・エレクあるいはスフバートルに移り、この市は間もなく廃墟に変わりました。その後、復興させるためにアルタンボラクの国営農場の建物や総合テフニクムを設立しました。革命博物館もソ連の援助で創設されました。一九九〇年の民主化後、現在の施設・建物を奪い合い、打ち壊し、濫用し、農牧業の全ての分野の専門家を養成する教育センターを無くし、一部の人たちは懐を膨らませるために学生たちを解散したのです。今、『国際自由連合』として復興させようとしても、何年も前の繁栄を取り戻すことはできないようです。

一九四五年当時のセレンゲ・アイマクの長はダリガン出身の『巧みな講演者』として多くの人たちに知られていたマジク大臣という人だと聞いていました。この人はハルハ河戦争勝利二五周年記念祝賀会出席のため、ハルハ河の農牧業研究ステーションに派遣された時、一緒に働いたことのあるロシア領事と会って、話をしました。アルタンボラク市がどうして崩壊したか、特に自分が暮らし、共に働いていた二階建ての丸太小屋をどうして壊したかなどを、二人して残念がると、『これは醜態です』と頭を振っていた、ということを聞いて、すぐにマジクという名前は、国営農場にいた時のセレンゲ・アイマク長だと分かったのです。

全国ナーダムも華美になって、それと共に時代の風潮を反映する笑い話が拡がっていたので、ここで紹介します。

田舎の若者が、都市部のナーダムを見て来た友だちに訊いた。

――ナーダムに行って来て、何かニュースがあるか？

――お粗末な板マッチ、捕虜になった日本兵『バンリ』を歌うスカートを履《は》いた女の子で

一杯、と答えた。『バンリ』は娘の名前で、当時の流行歌でした。

我が国が戦争中に国内の需要を満たすために作った製品の一つが、自力で建設したマッチ工場でした。マッチ工場で作られた製品は目の粗い櫛《くし》のようなもので、歯の先に硫黄のような燃える物質を塗った平たいマッチだったので、人々は『板マッチ』と呼びました。その当時、首都にある全ての建物は、捕虜になった日本兵が建てていたので、笑い話に登場したのですが、浮わついた首都の娘たちを誇張して表現したのです。

ナーダムの翌日は秋になるので、国営農場もそれに備え始めました。一部の少年たちは家畜を消毒洗浄する仕事に出、一部は草刈りに出、数人はトラクター修理の仕事に割り当てられました。私たちの内でジャンバルドルヂという少年はパン屋の小母《おば》さんに連れられてパン工房で働き、パン職人になりました。ジャンバルドルヂは、幼年学校にいた時の上級生で、その学校の卒業時には、当直の責任者になっていました」

◎党幹部の訪問

「ちょうど、この忙しい時に、本部から太った、丸顔の、帽子を被った幹部が、突然、私たちの宿舎にやって来ました。実状を知ろうと、色々な質問をしました。私たちの生活や宿舎の実態と言えば、木製の仕切りの一方の壁に冬用の服や毛皮の外套をきちんと掛け、下に敷く物はフェルトしかなく、学校から背負って来た毛布を敷き、夏服をかけて寝ていたのです。一部の者たちは毛布を売って買い食いしてしまっていました。始めは調理人がいたのですが、減員になり、自分たちで全てを賄《まかな》っていました。その幹部が何の目的で来たのか知りませんが、話の中で、『学校に入れると言って連れて来ておきながら、肉体労働をさせている』と、不満を物怖じせずに漏らしました。後にウランバートルの学校に入ってから、この人が私たちのために動いてくれたダンガースレンという人で、モンゴル革命青年同盟の委員長でした」

◎仲間の水死

「ズーンブレンの北側をセレンゲ河の支流が流れ、ヒッポフェ［チャチャルガナ］の低木は黄色《きい》ばんでいました。河を泳ぎ切った人はここに辿り着きます。昼の暑さに誰でも水浴して涼《すず》もうと考えます。私たちの中で、私の他に泳げる者はおらず、初めに泳ぎ方を教えると、皆《みんな》が覚え、その後、ロシア人機械工の泳ぎ方を見てからは、ますます熱中して、私よりも上手になりました。河が氾濫している時に向こう岸まで泳いで行ける者はわずかですが、私を除いた他の者は皆んな泳ぎ切ることができそうでした。そればかりではなく、何種類かの泳ぎ方で泳げるようになり、水泳が仲間たちの趣味になりました。暇ができると、川岸に出かけては河に入って遊ぶようになり、セレンゲ河を泳ぎ切る計画を話し合うようになりました。

この話が母なるセレンゲの耳に届いたのでしょうか。ある日の昼休み、みんなでいつもの水場に行き、競って川に入りました。ヒシグドーレンという少年が何かを洗うために残り、一番最後に川に入って泳いでいると、近くの渦の方に流されて行ったので、後ろから大声で叫びましたが、どうすることもできず、吸い込まれて、見えなくなって、二度と出てきませんでした。数日、河岸に沿って探しましたが、見つかりません。河岸に残された靴や服を持って来て、彼のベットの上に置いて、寝たんですが…。こうして二〇人で来て、その一人を母なるセレンゲの所に送り出してしまったのでしょうか。この少年の戸籍、誰の子かは誰も知りません。どこにどう登録されているかはっきりしません。もし、同郷人がいたら、後で、故郷に行って、父母や親類に知らせたでしょうに。私たちは子供でよく分かりませんでした。もし国営農場で家畜が一頭、ある理由でいなくなったとしたら、証明書が出されて、帳簿から削ったでしょう。その当時、私たちには登録簿がなかったのです」

◎秋の収穫

「まもなく秋の収穫が始まり、作業班に水や燃料を運んだり、時には薪を取りに行ったりするなどの慣れた仕事をすると同時に、脱穀機に乗って、取り入れをする仕事に加わりました。その頃のコンバインは今のように自動ではなく、刈り取り脱穀して集めるのではありませんでした。コンバインを一台のトラクターが引っ張って、刈り入れたのです。その年、国営農場のコンバインは故障していたので、刈り取っては集めていました。刈り取り機をトラクターか馬、ラクダ、牛を使って引っ張り、刈り取った物を束ね、広場に山積みにして置き、後で脱穀し精米して、袋に入れて集めました。刈り入れを機械化したこの仕事は、私たちにはとても珍しく、新しいことだったので、習得して、懸命に働きました。

ある夕方、たまたま休息していると、旗をなびかせた一台の車が作業隊の本部にやって来ました。国立劇場の俳優が来たと大喜びでした。月明りの中で色とりどりのテントを建て、前に並んで歌を歌って、農民たちを楽しませました。翌日はコンサートを開き、ここで功労俳優のドルゴルスレンが踊るのを初めて見たのだと、後で知りました。ここで才能ある若者がいて、『漿果《しょうか》の畑』という踊りを踊ったのを覚えています。

ここでもう一人の功労俳優も見ました。私たちの作業班の作業に出ていない小型車を動かそうとして、真っ黒な長髪を左右に分けて山羊皮の手袋をした若者が乗ったり押したりしていました。

俳優でもない者が車を運転するのだろうか、と、内心、尊敬もし羨ましくもなったのを憶えています。何年も経ってから、これについて、他の人と話す機会がありましたが、この時にはこの若者はすでに『禿頭《はげあたま》のゴムボスレン』になっていました」

◎南モンゴルの兵士たち

「秋の晩、堆肥《たいひ》を作る仕事も一段落し、人々も一息入れる頃になると、私たちの気持ちも落ち着き、『驢馬《ろば》には驢馬の運命《さだめ》』とよく言うように、こういう状況に慣れたようです。もしこのまま国営農場にいたら、何をして、将来、どう生活するかと誰でも思いました。私たちを特に不安にしたのは、家、父母、故郷を想い、どうすれば、彼らとまた会えるのかという問題でした。

ズーンブレンは素晴らしい所です。川あり、水あり、山あり、林あり、肥沃な土壌があります。こういう素晴らしい土地に馴染まない人などいないでしょう。一般に状況には慣れるものです。南モンゴルの兵隊さんたちはもっと慣れて、一部は家庭を持つ準備をしていました。彼らはこうする以外になかったのです。もっと若い時から、東部モンゴルの故郷のために指導者に従い、武器を握って何度も戦闘に加わり、辛抱強く訓練に耐え、のちに南モンゴル西部で徳王様の提唱によるモンゴル独立のために中国兵と間断なく戦いながら、年月が過ぎ、知らぬ間に、老兵になったと気付いた時にはもうすでに遅かったのです。家族、兄弟、親類、子供たちを思うことから遠ざかり、独り身の兵隊生活だけが彼らに残っていたのです。彼らには金も財産もありません。戦闘で実入りがあれば、それを阿片、賭け事、売春宿でほとんど使い果たします。彼らは負傷したり不具になれば、仕方なく故郷に戻ります。戦闘の度に戦利品があるわけではなく、何人かは命を無くします。彼らは英雄的に勇敢な戦士だったのです。中国兵と戦って、いつも敗れていたわけではありません。蟻のような生き物にでも攻撃して来られたら、仕方なく後退しますが、腹這《はらば》いになっては立ち上がり、馬上からでも命中させます。こういう強い兵隊と戦うことを、中国兵は恐れていました。時にはモンゴル兵が来た音を耳にしただけで、彼らは戦闘を避けたと中国人自身が話すのを聞いたことがあります。一九四五年に五〇歳の老兵が北モンゴルに来て、その後、子沢山の家庭を持ち、百歳を迎えて、それを記録したものを、公共の報道機関を通じて公表したのを聞いて、喜んでいます。

乗る馬以外に友なく、握った銃以外に頼るものなく、戦闘に突入する戦友と一緒にこれらの兵士たちの敵は、故地を占領しようと進入し、習慣、信仰、親や先祖を侮辱するのは中国人だとして、彼らと闘う定めに生まれ、我が身を捧げた人たちです。戦後、一息ついて、生まれ故郷、父母、親類を想って悩んだのは当然です。こういう場合、いつも彼らが歌う歌の内容を紹介しましょう。

ある兵士が夜、寝ていて前歯が抜ける夢を見た。これは悪い兆候だ、兄弟親類の誰かがこの世から消える兆しだ、と、翌朝、隊長に休暇を懇請したが許してくれなかった。銃を持って、馬で逃亡した。後ろから捕まえるように言われた兵隊が追って来るのを見ると、装填を外して近づいて来る、理由《わけ》を話すと、兵隊たちは引き返した、という内容の歌でした。

初夜に夢を見た、ホー
前歯が四本抜けた夢を見た、ホー
高い城壁に登れば、ホー
父さんの故郷ジャリド旗がはっきり見える、ホー

今、北モンゴルに来て、家庭を持ち、暮らそうとしている、これらの兵隊さんたちは、どんな歌を作るのでしょうか」

【補説】脱南した南モンゴルの兵士たちのその後

ソヨルジャブ氏に拠ると、「たくさんのモンゴル人が旧満洲国のホロンバイルを始め、蒙古連合の各地から、外モンゴルに連れて来られていたのである。彼らはモンゴルのあちこちの収容所に入れられ、そこから毎日工事現場に連れていかれた」「モンゴル人民共和国は、内モンゴルの解放に行ったにもかかわらず、日本人だけでなく満洲国軍や蒙古連合自治政府に参加していたモンゴル人の兵隊を何千人もこちらに連れてきて捕虜にしている。中には懲役一〇年、一五年もの刑を言い渡している」（細川呉港『草原のラーゲリ』九一、九五頁）。

第八話　ウランバートル第一中学校入学

◎ウランバートルに戻る

「秋の大仕事が一段落しました。気候も寒さに向かい、収穫が終わって、数日休みになった或《あ》る日、国営農場長が馬でやって来て、我々を呼び集めました。農場長は満面に笑みを浮かべていました。どうしたのか、推し測れずにいると、『君たち生徒はウランバートルの学校に行けることになった』と言ったのです。

はじめ、信じられず、方々から『いつですか』と質問が出ました。『あした、行く。用意をしなさい』と、プレブ農場長は答えたので、皆で農場長を取り囲んでお礼を言いました。私たちは準備を始めました。

農場長は、昼間、風呂を沸かして入浴させ、その晩、事務室にテーブルを出して、私たちにご馳走し、送別会を開き、多くを学んで学問を身に付けて戻って来ることを祈って、一人一人に二五トゥグルクをくれました。翌日、この農場に、政府がどうにか充てがってくれた真新しい3

ＩＬ―5型の車にフェルトのカバーをして暖かくして、私たちを座らせ、嬉しそうに送り出してくれました。政府は私たちを忘れず、モンゴル青年同盟中央委員長のダンガースレンが、夏、私たちの所に来て、『学校に入れる』と言った言葉は本当だったのです。今、ウランバートルに行って、どの学校に入るのか、とそれぞれ、心の中で考えながら、行きました。こうして、私たちの運命が転換し、私たちは明るい未来に向かって走り出したのです。

ウランバートルに着くと、私たちは教育省の構内で降ろされました。そこにはエンフ・タルとジャルガラントの国営農場から来た仲間たちが、すでに到着していました。当時、教育省の小さな建物は現在のウランバートル・ホテルの敷地にありました。一二〇人ほどの人が集まっていました。ジャルガラントから来た人たちは私たちより年上で、エンフ・タルとズーンブレンの人たちは一四歳から一六歳の青少年でした」

◎南モンゴルからの亡命者

「一九四五年、南モンゴルからウランバートルに移って来た人たちが大勢いました。彼らは南モンゴルで主に上級の役所に勤め、北モンゴルには政治的理由で来た人たちで、上級役人、王公貴族、将校、将軍、教師、党幹部たちでした。彼ら南モンゴル人は、私たちがウランバートルに集合したのを知って、訪ねて来ました。実情を知り、金もなく貧しい少年たちを引き取って、学校に入るまで、そんな幾つかの家庭が分担して泊め、食事を提供してくれました。

私たち数人は南モンゴルの第七師の参謀長だったゴリモンソイ将軍に預けられました。将軍は、たくさん部屋のある快適な丸太の建物に住み、国庫から全面的な補助を受けて、妻子と暮らしていました。一二、三歳の二人の息子は一〇年制第一中学校の生徒でした。夕方、食事をしていると、二人の息子が来て知り合いになりました。寮に住んでいるので、学校に戻って行きました。寝る前に将軍はラジオで外国の情報を聴き、私たちに話してくれました。将軍には自由を享受して幸わせだなぁという印象を持ちました。しかし、残念なことに、ほどなく、内務省の役人が、将軍を『日本のスパイ、反革命、階級の敵だ』として監獄に入れ、自由と援助をなくして、家族をその家から追い出しました。釈放後、将軍は生活のために野菜売りになりましたが、彼の学識を惜しんで、モンゴル国立大学の教師たちが彼を招き、教師にしました」

◎ウランバートル第一中学校に編入学

「学校に分担させる仕事は遅滞なく進み、その後まもなく、分散し、先生たちが迎えに来て、連れて行ってくれました。年長の若者たちを、商業、財政、技能、医学・獣医学などのテフニクムに編入し、私たち一四人の少年を一〇年制第一中学校に編入しました。この学校に入るのを望まない少年は、その当時はいなかったでしょう。北モンゴルに来て、一番の学校に入れるとは実に幸運でした。

ボグド山に登り、振り返って見ると、第一中学校の四階建ての白い校舎だけが、はっきりと見えました。

ウランバートル第一中学校（2012 年 8 月）

こういう学校のドアを初めて叩いて入った時に、どんな気持ちだったかを表現するのは難しいです。鏡のような床を踏んで校内に入ると、大理石の柱が堂々と立っていました。廊下を、首に赤いリボンを結んだピオネールの生徒たちがこざっぱりした服を着て、歩いているのは実に印象的でした。入口の両側にあるハンガー一杯に掛けてある服を見れば、いかに沢山の生徒がいるかがわかります。神聖な大僧院に入ったような気持ちでした。本当に神聖な学問寺のようでした。

校長はゴトフという面貌《めんぼう》穏やか、とも言うべき、王公貴族にもなれそうな方で、私たちを小さな事務室に迎え入れました。私たちは怖れ入り恥ずかしく、耳を澄まして、校長先生の話を拝聴しました。

私たちの学力水準を検査すると言っても、一体、何を検査するのかと思って、慌てました。そのうちに、白い髭を生やした一人の先生が入って来ました。彼は「白髪頭《しらがあたま》」という渾名《あだな》の舎監のゴンボスレン先生でした。校長先生はゴンボスレン先生を私たちに紹介し、先《ま》ず私たちの健康診断をし、風呂に入れ、散髪させる必要があると注意しました。

その後《あと》で、一人の女性を呼び、校長先生自身は出て行きました。入って来た女性は、この学校の養護のセブジジド先生でした。先生は私たちを医務室に連れて入ると、ロシア人女医が、私たちを一人一人を検診しました。ただチョローバータルという少年だけが体が悪くて残り、健康な私たちは退室しました。ゴンボ先生と一緒に学校の寮に行くと、特別の部屋に、私たちのために出してくれたベッドが、人数分あって、備品も揃えてありました」

【補説】近代的な最初の小中学校

人民革命直後の時点で、モンゴル語を読み書きできるモンゴル国民は一パーセントにも満たなかった。一九二一年八月三一日、新政府は内務省内に教育事項を担当する「学校局」を設け、二四年初頭になって国民の教育問題を担当する独立の省として「国民教育省」を設置した。

一九二一年一一月二日、首都クーロンに生徒数四〇名を収容する人民政府初の三年制小学校が開校した。その翌年には地方にも一〇校以上の小学校が新設され、二四年には小学校「四年制」は二四校に増えた。

一九二三年、最初の中学校がウランバートル市に開設され、教師二人と生徒四五名で開校した。三八年に一〇年制の中学校になった。この「ウランバートル一〇年制第一中学校」は、当時、四一クラスに編成され、生徒数は約一五〇〇名で、一クラスには平均三六名の生徒がいたことになる（モンゴル科学アカデミー歴史研究所編「モンゴル史」一六七頁、一七二頁）。

【聞書】当時の首都ウランバートル

（問）日本では北朝鮮から脱出した人々を「脱北者」と総称していますが、当時、南モンゴル出身者に対する特別な呼称はありましたか？

（答）特にありませんでした。「南モンゴル人」で済まされていました。ただし、「南モンゴルから逃げて来た子」と言われたことはあります。

（問）当時、自治政府主席だった徳王も亡命していたことを知っていましたか？

（答）その当時は知りませんでした。徳王政府の要人で私の父の直属の上司だったツォグバドラハ［陳国藩］氏も亡命していて、一九五二年一二月五日に銃殺刑になっていたと、陳夫人のルスマーさんから民主化後に聞きました。もちろん冤罪《えんざい》でした。

（問）当時の首都ウランバートルの様子を話してください。

（答）はい。一九四五年頃の首都の人口は四〇万人ほどで、国の総人口は百万人ぐらいだったでしょう。高い建物は少なく、四階建ての建物は私たちの第一中学校だけでした。水道も暖房設備もなく、水も燃料も自分たちで確保しなくてはなりませんでした。発電所は一基だけで、燃料の石炭は、三五キロ離れたナライハ炭鉱から鉄道で運んでいました。

今の政庁の近くに丸屋根の国立劇場がありました。当時、スフバートル広場は「演壇広場」と呼ばれ、石コロや動物の骨が散らばっている空き地で、一九四六年の人民革命二五周年記念にスフバートル像が建てられました。そこを整地し舗装したのが日本兵捕虜たちでした。

公的機関や諸県間には電話が設置され、ラジオ放送は七時から一一時までと一七時から二三時まであり、各家庭で聞けました。新聞は四紙か五紙出ていたと思います。

当時は計画経済です。国営の店では需要を満たすことができず、生産も間に合いませんでした。品物を闇で手に入れて、転売したりすれば、厳しく罰せられました。

畜産品を加工する工業コンビナートがあり、製鉄所、製材所、食料工場、印刷出版所もありました。

住民の二〇パーセントは中国人で、建築業や修理業を営み、食堂や商店を開き、時計屋、靴屋、裁縫師をし、金銀細工の手工業も営んでいました。

モンゴル人の主食は肉で、肉、小麦粉、塩があれば、基本的に食事が作れます。しかし、モンゴル人は肉を短時間しか煮ないで食べるので、衛生上問題がありました。五〇年代になり、農業が発展し、穀物や野菜を、ある程度、自給できるようになると、野菜も多く食べるようになり、肉の摂取が三〇ないし五〇パーセント減ったようです。

首都には映画劇場が二つありましたが、移動映画班が活発に活動していて、土日に学校や公的機関のクラブで映画会が開かれました。国立中央劇場や国立サーカスもありました。地区、工場、公的機関には付属のクラブがあり、共産主義教化宣伝の役割を担っていました。また、社交ダンスも普及し、ワルツ、タンゴ、フォーク・ダンスの他に、モンゴル音楽に合わせたダンスもありました。これは日本のメロディーに似ていました。

（問）当時、モンゴル人民共和国の鉄道敷設はどの程度、進んでいましたか？

（答）ナライハ炭鉱とウランバートル市の火力発電所を結ぶ全長四五キロの狭軌鉄道が走っていました。また、東部国境沿いに全長二三七キロの広軌鉄道、チョイバルサン市からタムサッグボラグまでの狭軌鉄道、さらにウランバートルとナウシキを結ぶ広軌鉄道も開通していました。これらには国土防衛の目的と戦略上の意義がありました。

【補説】鉄道網

ウランバートル・ナライハ間の鉄道は一九五六年、ウランバートル・二連間に鉄道が完成したため、廃線になり、ナライハ炭鉱とウランバートル市工業コンビナートに引き込み線が本線から引かれた。

一九三九年、チョイバルサンとソ連領のソロビエフスク間の東部国境沿いに全長二三七キロの広軌鉄道［モンゴル側の最終駅はソロビエフスク対岸のエレンツァブ］が敷設された。この鉄道は全線ソ連軍の建設部隊によって敷設され、さらにソ連領ボルジャに達し、シベリア鉄道支線と繋がる。同じく一九三九年、チョイバルサンからタムスク間にソ連軍によって狭軌鉄道が建設された。途中から支線が南方に分かれ、ジャルガラント炭鉱に達する。全長は支線も含めて約四百キロ。

ウランバートル・ナウシキ間に一九四九年一一月に開通した広軌鉄道は、すでに開通していたウランウデ・ナウシキ間の鉄道と接続し、シベリア鉄道に繋がる。モンゴル側の最終駅はスフバートルで、全長約四百キロ。ソ連の援助で建設されたので、「スターリン鉄道」と呼ばれた。

ウランバートルと内モンゴル自治区の集寧［以前の平地泉］間に一九五四年、鉄道が開通した。二連対岸のモンゴル側最終駅はザミン・ウデで、二連・集寧間は中国が、ウランバートル・二連間はソ連が建設を引き受けた。ウランバートル・集寧間の全長は一〇五〇キロ。

開通により、モスクワ・北京間の距離は六百マイル短縮された。重要な工業都市はほとんど鉄道の沿線にあった。しかし、鉄道の開通はごく一部で、西部一帯には鉄道はない（坂本是忠『蒙古人民共和国』一三一頁、『モンゴルの政治と経済』九八頁―一〇〇頁）。

（問）ロシア語はいつから学び始めたのですか？

（答）中学校に入ってからです。モンゴル国立大学の一年次にはロシア語の集中講座がありました。全ての講義はロシア語で行なわれました。これらが私のロシア語上達の基礎になりました。

【補説】社会主義時代のロシア語教育

かつてロシア語はモンゴル国民にとって、社会の上層に昇るための前提条件であり、国外に出るための必須条件で、特権の象徴でもあった。社会主義体制下でロシア語は唯一の外国語として、四年生から七年生までは週五時間、八年生から一〇年生は週三～四時間の授業が行なわれた。ロシア語はモンゴル国民の第二の言語であり、「遠からずモンゴルの家畜や犬がロシア語で哭《な》き吠《ほ》える時代になる」とさえ言われた。

［補遺］　近現代のモンゴル諸族の南北移住とその後

　モンゴル近現代史上においても、集団で、あるいは三々五々に族境を跨《また》いでのモンゴル諸族の南北移住が頻発した。南北移住と言っても、ここで取りあげるのは一般人民の移住である。モンゴル人民共和国から満洲国に亡命した在モソ連駐留軍参謀フロント少佐［のちに消息不明になる］や「内務人民委員部」のソ連極東地方長官のリュシコーフ大将［ソ連侵攻直前に日本軍将校によって射殺される］、第二軍団第六師団宣伝班長のビンバーあるいはビャンバ大尉［ノモンハン戦争中に戦死］(注)とか大戦後に南モンゴルから北のモンゴル人民共和国に亡命移住した徳王や徳王自治政権の高官、徳王軍の高級軍人などは取りあげない。

（注）ビンバー大尉の手記は『外蒙脱出記』として一九三九年八月に朝日新聞社から出版された。

　北のブリヤート族の大部分は、革命の難を逃れて一九一七年から一九一九年の間に満洲東部や南モンゴルとハルハ・モンゴルに亡命移住した。

満洲東部のフルンボイルには元々のダグール族と一八世紀に移住して来たブリヤート族が暮らしていた。そこに同じブリヤート族が十月革命の難を避けて流入して来て、尼河旗《ネヘイき》を編成し、「シネヘイ・ブリヤート」と呼ばれていた。ソ連当局はこの地区を、時には日本に協力する極めて危険な反ソ分子の拠点と見なしていた。しかし、満洲国内にあるため、手を出すことが出来なかった。

ハルハ・モンゴルに亡命移住したブリヤート族は一九二四年九月の時点で、約四千家族、一万五八〇〇人に達していた。当時のモンゴル人民共和国の総人口が六五万人とすれば、これは相当の人口である。ソ連当局は彼らをロシアに帰還させるようモンゴル人民共和国政府に要求した。彼らを潜在的な反ソ反革命分子と見なし、満洲国内のシネヘイ・ブリヤートとの連帯を怖れたからである。

ソ連大使ワシーリエフとモ国外相との長期の交渉の結果、合意に達し、二四年一〇月三日、協定がウランバートルで締結した。二五年九月、一万五千人のブリヤート族がドルノドとヘンティの両県とウランバートル市［二千人］に定住した。しかし彼らは三七年〜三八年の間に逮捕、粛清された。

北のモンゴル人民共和国では一九二九年から三二年にかけて「封建諸侯」の区分に入る人々に対して大弾圧と財産没収が行われた。「封建的」と呼ばれた人々には王公貴族の他に、富と権力のあった高僧ラマや上級役人、牧民の富裕層が含まれた。一〇〇ボド(注)以上の家畜の所有者は富裕民と見なされた。

（注）ボド（бод）は家畜計算単位で。牛馬それぞれ一頭が一ボド、駱駝は二ボド、羊一頭は七分のボド、山羊一頭は一四分の一ボド。

第一次段階として二九年秋から三〇年冬にかけて集中的に、第二段階として三〇年から三一年に追い討ちをかけるように行われた。

当時、ラマ僧院は三〇〇万頭以上の家畜と莫大な不動産、つまりジャス（жас）を所有していた。人民政府は、特にこれらの宗教施設を苛烈に弾圧した。一般のラマ僧は強制的に還俗《げんぞく》させ、十八歳以下の若者にはラマ僧になることを禁じた。ラマ僧の数は、一九三〇年の一〇万人から一九三一年には七万五千人に減少した。この宗教弾圧の時代に殺された僧侶の数は数万に上《のぼ》ると言われている。一九三五年の総人口が七三万八百人だったことを考えると、殺されたラマ僧だけでも総人口の約四％に相当する。

ドンドゴビ県エルデネダライ郡のダムバルジャー僧院だけが唯一、弾圧を免《まぬが》れた。一九〇〇年開基のこの僧院は釘を一本も使わない工法で建築された。同郡の人民革命党のラドナーバザル党首は、羊毛を保管する倉庫がないから、この僧院を倉庫にしたいとチョイバルサンに訴え出て、破壊を防いだという（『モンゴル通信』二〇〇六年一〇月三〇日号）。

最初の反乱は一九三〇年、トグスボヤントとウランゴムの僧院で勃発した。一九三二年には数千の僧兵と武装牧民を擁する一三の部隊を編制して西部の四つの県に拡大した。しかし、同年四月から六月にかけて反乱軍は各地で撃破され壊滅した。一説に拠ると、ソ連軍は僧院を空爆し装甲車を派遣したという。

この時期、北モンゴル人が三万人以上、満洲東部や南モンゴルに流出した。一説に拠ると、一九三一年だけでも千世帯以上、人数にして一万人以上の北モンゴル人が共産主義を嫌って故地から逃げ出したという。

彼らは満洲東部や内モンゴルの新しい部落（шинэ сум）で暮らした。当時、日本軍は、これらの村々を「外蒙避難部落」と呼び、外蒙部落は「デルワ機関」という特務機関が管理していた。この機関名は、外蒙部落の最高指導者のディロワ・ホトクトの名を冠しているが、ディロワ師は重慶に拘禁されていたので、その後はワチル師が指導していた。

この百霊廟北方にあったデロワ部落で三年間、チベット語・モンゴル語とラマ教の修業をして昭和一二年（一九三七）に帰国した橋本光寶《こうほう》は、内モンゴル視察旅行中の昭和一八年（一九四三）一月に、東スニトにあったワチル部落を訪ねた。

その橋本が昭和五八年（一九八三）に整理した『モンゴル・冬の旅』（一九九九）に拠ると、ワチル部落は腐敗し切っていた。役人は腐敗し、ラマの破戒はざらで、民間においては近親結婚が行われ「人倫《じんりん》に悖《もと》るもの多く野獣の寄合《よりあい》の如し」（一〇七頁）情況だった。

当時の国境は分派特務機関長の中村中尉に拠ると、「当方への逃亡者よりも外蒙側への逃亡者多し」「密偵の活動は熾烈《しれつ》を極め、遠くアバカ張家口《ちょうかこう》方面に入り居れり」（一三一頁）情況だった。

「外蒙側よりの密偵《みってい》甚だ多し」「内蒙側より外蒙側に逃亡するものもあれどもこれは思想的のものに非ず、家畜を追いて越境するものなり」（九五頁）。「外蒙への逃亡は物資不足より来るが如し、思想的には非ず」（八八頁）。ウランチャップ盟の山本信親参与官の話しでは、ここ一年間で内蒙側から外蒙側に入り込めた密偵は一人もいないが、外蒙側からは盛んに入り込んでいた（五四頁）。しかも真言宗派遣の林研究生が言うには、外蒙の密偵を捉《とら》えても、逃亡されてしまうから、廟内に外蒙と通じている者がいるらしい（四九頁）。

外蒙部落は諜報的利便のために利用されていた。外蒙部落から人員を徴用して、諜報活動に従事させた。シリンゴル盟のアバカ特務機関管内にはシベリアから逃れて来たブリヤート族の部落もあり、外蒙工作の拠点になっていた（一二五頁）。

一九二四年、現在のスフバートル県ダイガンガ郡に生まれたゾンドイ・バルダン氏（Зундуйн Балдан）もその一人。五歳の時の二九年に両親に連れられ、南モンゴルの西ホーチトに移住した。父方の伯父は「ガビジ」という僧階［二〇年ほど教学学修したラマ］のラマで、母方の伯父は「オンザド」［勤行《ごんぎょう》を管理し読経をリードする］をしていたラマだった。ラマ弾圧のとばっちりを避けてのことだった。以下は、氏が『ウヌードル』紙のД・バトツェンゲル記者に語った談話（二〇一三年九月一〇日配信）だが、内蒙古アパカ会・岡村秀太郎共編『特務機関』（一九九〇年）でバルダン氏の徴用体験を一部検証し、苦難の半生を追う。

七歳の時にホーチト旗《き》のマーニト僧院のヨンドン師の下に弟子入りし修行した。

東アパカ（Зүүн АВГА）の日本の特務機関［アパカ機関の本部は廟にあった］が北モンゴルから来た世帯を集めて新しい部落（шинэ сум）を創設し、ヤンザガン・モロムというモンゴル人を部落長に任じ、日本側の責任者には横山という人がなった。横山（義彦）氏は、昭和二〇年八月当時はダイ・ラマ（Дай лам）分派機関長を務めていた（『特務機関』）。

モロム部落長の提案で、モンゴル族の若者が日本軍に徴用され、ダイ・ラマ僧院の周辺で一か月近く、軍事教練を受けた。バルダン氏の部落からは、氏を含めて二〇人余りの若者が銃を持たされ、ブブグン・ドガン［会堂］という所に派遣された。七日後にさらに北に移動した。そこには二人の日本人が駐在する事務所があった。

そこでバルダン青年らは事務室の清掃と暖房、朝夕の本部との連絡、二人一組になって発電機を回すなどの仕事をさせられた。バルダン青年はトゥブド族（Тувд）のジャミヤンとペアになった。ここに一九四一年から四五年の終戦時まで勤務した。バルダン青年は徴用される前にルハムという女性と結婚していた。妻が恋しく、夏には数日、休暇をもらい、妻の許《もと》に帰った。

実際に諜報活動をさせられるモンゴル人も多くいて、彼らはソ連製のライフル銃や蹄鉄を着けた軍馬を捕獲して来たりした。

横山分派機関長の右腕になっていたチャハル族（Цахар）のロブリンという男がどこからか一八歳ぐらいのすらりとした娘を連れて来て、横山分機長に宛《あて》がった。日本人はハイルィという、この美しいモンゴル娘を小間使《こまづか》いにしていた。妊娠すると、国境沿いに連れて行かれて、放置された。その女性は、終戦時には生まれた子どもと一緒に国境沿いの指定された所で暮らしていた。

一九四五年八月一〇日、ソ蒙軍侵攻。ソ連兵はブググン会堂の見張り所［向地視察監視哨］で働かせられていたモンゴル人同胞を腹這いにし刺し殺した。ナバーンという青年だけが死んだ振りをしていて助かった。

日本人たちは八月一〇日、撤収する時に、バルダン青年とジャミヤン青年に「家に帰れ。解雇する」と告げた。二人はダイ・ラマ僧院から三〇キロほど離れた所に住んだ。四五年九月一日、モンゴル人民共和国の内務省の役人たちが騎馬でやって来て、二人を逮捕し、ゲル［包《パオ》］や家畜を没収した。妻は泣き叫んだが、両親に預けた。

後ろ手に両手を縛られ、目隠しをされ、マーニト僧院の傍にあった野戦司令部に連行された。二晩、戸外に置かれ、冷たい秋雨に晒《さら》され、体が凍《こご》えた。三日目に屋内の留置場に入れられた。そこから多くの人がスフバートル県のエルデネツァガーン（Эрдэнэцагаан）まで連行され、泥造りの納屋（амбаар）にぶち込まれた。南モンゴルの兵士が目の前でいとも簡単に撃ち殺されるのも見た。「その頃は、人間の生命《いのち》など犬以下でした」。

バルダン氏は六〇年後に五〇万トゥグルグの償い金を受け取った。情報局の特別文書庫で記録を調べてみると、逮捕時に五百頭の羊と一頭の駱駝《ラクダ》を所有していたと記されていた。しかし、バルダン氏は当時、二千頭以上の羊と荷駄用のラクダを数頭飼っていた。同じように連行されたモンゴル人の大部分は家畜や財産が沢山ある富裕な人たちだった。一緒だったジャミヤンは何も無く裸《はだか》同然だったので、北モンゴルに着くと釈放され、全《まっと》うな暮らしができた。

そこからドルノド県のバヤントゥメン（Баянтүмэн）にトラックで移送された。バヤントゥメンの監獄では飢えや渇き、寒さに苦しみ、辛酸を嘗《な》めた。虱《シラミ》や南京虫に悩まされ、発疹チフス（бөөсөн тип）が発生し、一晩に一人二人と亡くなった。

四五年一二月になると、ダイ・ラマ僧院周辺で捕まった人たちの多くが無蓋貨車でウランバートルに運ばれた。凍死する者も出た。凍死者の綿入りのズボンやシャツを着込み、若い体力で生き延びた。途中、ウンドルハーン（Өндөрхаан）監獄に二、三泊し、ウランバートルに搬送中にもかなりの数の人が亡くなり、バトツァガーン（Батцагаан）刑務所に収監された。

この刑務所に入って、幸運だった。所内の病院に寝かされ、二か月後にシラミや南京虫と別れて、内務省の監獄に移された。

四六年六月二六日に「日本の手足、スパイ」という容疑が晴れ、道路管理部の石切り場に移った。釈放者たちは、石の容量を量っては砕断《さいだん》する重労働を無給でやらされた。やがて読み書きのできるバルダン青年は、記録係に回された。

ある日、その辺りでは見かけない人が二人やって来て、「学校に入りたい者はいるか」と訊《き》いた。バルダン青年は入りたいと意思表示した。その二人に連れられて、旧政府庁舎、つまり現在のモンゴル国立師範大学内にある宿舎に収容された。

そこには南モンゴル出身の若者たちが沢山いた。そして、農牧業アカデミーのテフニクムに入れた。綿入りのズボンとシャツ、毛皮のデールなどが政府から支給された。こうしてやっと「人間並みになれる道が開けた」。

夏休みにエルデネツァガーンに行くと、「生きては帰れまい」と絶望していた父や母は涙を浮かべて迎えてくれた。

四九年、テフニクムを卒業すると、任地はトゥブ県のデルゲルハーン（Дэлгэрхаан）郡だった。五五年、モンゴル国立大学の医学部に入学、大獣医（малын их эмч）になった。トゥブ県のゾーンモド（Зуунмод）市、農牧業省の獣医課に勤め、現在、年金生活を送っている。「生きていれば、金の器《うつわ》で水が飲める」と名誉回復される日を待ち望んでいる。

終わりに

私は訪モすると、毎度ダルハン市のビレクト氏を訪ねる。長距離バスがダルハンの新市街地に通じる並木道に入ると、妙に懐かしさが込み上げてくる。

並木の紅葉は殊《こと》に美しい。モンゴル人にも紅葉を愛《め》でる心はある。ビレクト氏に初めて会った日も、そんなモンゴルの晩秋のことだった。ビレクト氏は私のモンゴル近現代史研究を方向づけてくれた大恩人である。

ついに自称モンゴル近現代史三部作が成った。第一作目を引き受けてくれた「社会評論社」の板垣誠一郎氏とその後の二部作を引き継いで戴いた同社代表の松田健二氏に深く感謝している。

（二〇一三年秋、脱稿）

［参考文献］（参考順）

小林高四郎（一九六〇）『ジンギスカン』岩波（新書）
A・モスタールト『オルドス口碑集』（邦訳一九六四年）平凡社
W・ハイシッヒ『モンゴルの歴史と文化』（邦訳一九六七年）岩波書店
小貫雅男（一九九三）『モンゴル現代史』山川出版社
一ノ瀬恵（一九九一）『モンゴルに暮らす』岩波（新書）
田中克彦（一九九六）『名前と人間』岩波（新書）
張承志『モンゴル大草原遊牧誌』（邦訳一九八六年）朝日新聞社
磯野富士子（一九八六）『冬のモンゴル』中公（文庫）
O・ラティモア『モンゴル　―遊牧民と人民委員―』（邦訳一九六六年）岩波書店
田中克彦（二〇〇九）『ノモンハン戦争』岩波（新書）
橋本光寶（一九九九）『モンゴル　冬の旅』ノンブル社
森久男（二〇〇九）『日本陸軍と内蒙工作』講談社
ドムチクドンロブ『徳王自伝』（邦訳一九九四年）岩波書店
稲垣武（一九八一）『昭和二〇年八月二〇日内蒙古邦人四万奇跡の脱出』ＰＨＰ研究所
牧岡恭子（二〇〇四）『五千日の軍隊―満洲国軍の軍官たち』創林社

磯野富士子（一九七四）『モンゴル革命』岩波書店
生駒雅則（二〇〇四）『モンゴル民族の近現代史』東洋書店
森久男（二〇〇〇）『徳王の研究』創土社
梅棹忠夫（一九九一）『回想のモンゴル』中公（文庫）
本田靖春（一九九五）『評伝今西錦司』講談社（文庫）
坂本是忠（一九五五）『蒙古人民共和国』古今書院
山邊愼吾（一九九一）『ウランバートル捕虜収容病院』草思社
ツェベクマ『星の草原に帰らん』（邦訳一九九九年）ＮＨＫ出版

［補遺の参考文献］（参考順）

佐々木健悦（二〇一三）『徳王の見果てぬ夢―南北モンゴル統一独立運動』社会評論社
小貫雅男（一九九三）『モンゴル現代史』山川出版社
田中克彦（二〇〇九）『ノモンハン戦争　モンゴル国と満洲国』岩波書店（新書）
Ｔｓ・バトバヤル『モンゴル現代史』（邦訳二〇〇二年）明石書店
橋本光寶（一九九九）『モンゴル　冬の旅』ノンブル社
内蒙古アパカ会・岡村秀太郎共編（一九九〇）『特務機関』国書刊行会

◎編訳者紹介
佐々木健悦（ささきけんえつ）

宮城県志田郡三本木町（現・大崎市三本木）出身。東京外国語大学モンゴル語学科を卒業、同大ロシア語学科に学士入学、その後、千葉県下の高校で英語教員。2008年3月退職。同年4月からモンゴル国の大学で、約一年間、日本語教師を務めた。その後、ウランバートル市の『モンソダル』社でモンゴル語日本語辞典の編纂に携わった。

2010年7月からモンゴル国営モンツァメ通信社に勤務し、日本語週刊紙『モンゴル通信』の編集翻訳、日本語監修に従事、2012年8月退職。「社会評論社」より13年4月に『検証●民主化モンゴルの現実』、同年11月に『徳王の見果てぬ夢―南北モンゴル統一独立運動』を刊行。専門はモンゴル近現代史と社会言語学。

脱南者が語るモンゴルの戦中戦後　1930～1950

2015年4月25日　初版第1刷発行

口述者――――ブレンバヤル・ビレクト
編訳・補説――佐々木健悦
装　幀――――吉永昌生
発行人――――松田健二
発行所――――株式会社 社会評論社
東京都文京区本郷 2-3-10
電話：03-3814-3861　Fax：03-3818-2808
http://www.shahyo.com
組　版―――― Luna エディット .LLC
印刷・製本――株式会社　倉敷印刷